Retrouve Kerri et Mégane dans le deuxième épisode
de leurs aventures :
Les Transmiroirs
Collection Pleine Lune, aux Éditions Nathan.

Ce roman a reçu les prix suivants :
Livre d'or 1995 des jeunes lecteurs valenciennois
Prix 1995 des jeunes critiques de l'OCCE
3e prix-sélection 1995 des mille jeunes lecteurs
(Union nationale culture et bibliothèque pour tous).

Responsable de la collection : Frédérique Guillard
Directeur d'ouvrage : Denis Guiot

KIM ALDANY

KERRI ET MÉGANE
LES MANGE-FORÊTS

Illustrations de Philippe Munch

NATHAN

Le dortoir était plongé dans l'obscurité.

ORPHELIN !

Le soleil était là, en haut de la falaise. Kerri grimpait, grimpait. Mais la falaise était molle. Tout était si bizarre. Les ongles de Kerri griffaient un étrange tissu blanc. « Monte ! Monte ! » disait la voix de sa mère depuis l'intérieur de la falaise. « Courage, Kerri... Arrive jusqu'au soleil rouge et tu nous rejoindras ! »

Kerri était épuisé. La sueur coulait le long de son dos. Il tendit le bras droit. Plus qu'un mètre pour atteindre le haut de la falaise. Là, il trouverait le soleil rouge. Là, il trouverait ses parents. Au moment où sa main droite s'accrochait enfin au sommet, la falaise se déchira.

Elle craqua avec un bruit doux de soie qu'on arrache. Kerri sentit avec horreur qu'il n'avait plus de prises. Ses mains et ses pieds battirent dans le vide. Il se mit à hurler.

Qui a crié ?

IL s'assit brusquement sur son lit. Le dortoir était plongé dans l'obscurité. Seule une veilleuse permettait de distinguer les lits. Le cri de Kerri venait de réveiller quelques-uns de ses camarades.

– Qui a crié ? demanda une voix dans le couloir.

– C'est Kerri Joï, répondit le garçon qui occupait le lit voisin.

– Encore ! C'est la troisième fois, cette nuit. Pauvre gosse ! Il est très perturbé.

– Madame la surveillante..., dit une autre voix dans le couloir.

– Oui, Mégane ?

– Accepteriez-vous que Kerri vienne dormir avec moi dans ma chambre ?

« OUI, OUI », pensa Kerri très fort depuis son lit où il était toujours assis, tremblant et couvert de sueur.

– Oui, dit la surveillante.

On entendit quelques murmures de jalousie dans le dortoir. D'ordinaire, les petits n'étaient jamais autorisés à aller dormir avec les grands. Mais la situation de Kerri Joï était exceptionnelle.

Leur navette spatiale s'était écrasée.

Deux jours plus tôt, le directeur du Centre des astronautes lui avait annoncé qu'il ne reverrait jamais ses parents. Leur navette spatiale s'était écrasée au cours d'une mission sur la planète Amazonia sous les yeux de Stefano Evrett, commandant de l'autre navette. À son retour, Evrett avait posé sa main sur les cheveux de Kerri en lui disant :

– Je suis désolé.

Kerri avait reculé, lui lançant un regard noir. Pourquoi s'en était-il sorti, lui ? Il aurait mieux valu que ce soit sa navette qui tombe en panne.

Kerri détestait Evrett depuis le jour où ses parents le lui avaient présenté. Il sentait que c'était un homme faux et orgueilleux.

La preuve : Evrett était triomphant en annonçant que Géraud et Prisca Joï s'étaient trompés sur la planète Amazonia. Contrairement à ce qu'avaient affirmé les parents de Kerri, rien n'empêchait d'ouvrir cette planète forestière à la colonisation. On allait pouvoir l'exploiter. Evrett comptait par millions les arbres qu'il envisageait d'arracher aux forêts d'Amazonia.

– Kerri…

La main de Mégane était fraîche sur le front brûlant de Kerri.

– Viens avec moi.

Elle le prit par la main et l'entraîna hors du dortoir. Des rires fusèrent sous les draps autour d'eux.

– Kerriiiii aime Méééégaaaane, ricana quelqu'un.

Kerri haussa les épaules. Quel idiot ce mec ! Rien, il ne comprenait rien.

– Laisse-le dire ! murmura Mégane en refermant la porte de sa chambre derrière eux. Couchons-nous. Si tu n'arrives pas à dormir, nous parlerons.

Kerri se serra contre elle. C'était vrai qu'il l'aimait. Mais pas comme le pensaient les autres enfants de la pension. Mégane avait quatorze ans et lui onze. Pour Kerri, Mégane était la grande

sœur qu'il n'avait jamais eue, son amie, un soutien efficace dans l'épreuve qu'il traversait.

– Ils ne sont pas morts, dit-il soudain.

– Qu'est-ce que tu dis ? De quoi tu parles ?

– De mes parents. Il ne sont pas morts.

– Kerri... Tu as de la peine à y croire, c'est normal...

– Je les *sens,* Mégane. Ils sont vivants. J'ai même entendu maman me parler très nettement dans mon rêve tout à l'heure.

– C'est pour ça que tu as crié ?

– J'ai crié parce que je tombais. J'étais accroché à un truc blanc et mou et mes parents étaient en haut, ou peut-être à l'intérieur. J'étais presque arrivé jusqu'à eux et je suis tombé.

Il se remit à trembler. Mégane passa un bras autour de ses épaules et le berça.

– Tu es sûr que tu les *sens* ?

– Oui. Faiblement, bien sûr, car ils sont loin, très loin, mais je les *sens*, Mégane. J'ai aussi *senti* qu'ils avaient eu un grave accident, mais ils sont toujours vivants. J'en suis sûr.

Mégane était perplexe. À plusieurs reprises, Kerri lui avait parlé de cet étrange pouvoir qu'il avait de *sentir* les sentiments des gens ou des animaux autour de lui. Elle l'avait vu calmer des oiseaux affolés, rendre des chiens méchants doux comme des agneaux en leur transmettant un sentiment de paix. (Mais il lui était impossible, en revanche, de transmettre quoi que ce soit en direction des humains). Mégane avait décidé que ce pouvoir devait porter un nom. Kerri était un *sensitif*. Et le lien le plus fort de tous était celui qu'il avait avec ses parents.

Même jusqu'au fond de l'espace où ils étaient partis, Kerri *sentait* leur présence. S'il disait que ses parents n'étaient pas morts, il fallait le faire savoir et organiser des recherches sur la planète Amazonia.

– Demain, dit-elle, nous irons voir le directeur du Centre et nous lui expliquerons.

– Tu vas leur dire que je suis un *sensitif* ?

– On verra. En attendant, essaie de dormir.

Kerri ferma les yeux. L'image de la falaise blanche lui revint. Où pouvait-elle bien être, cette falaise molle qui renfermait ses parents ?

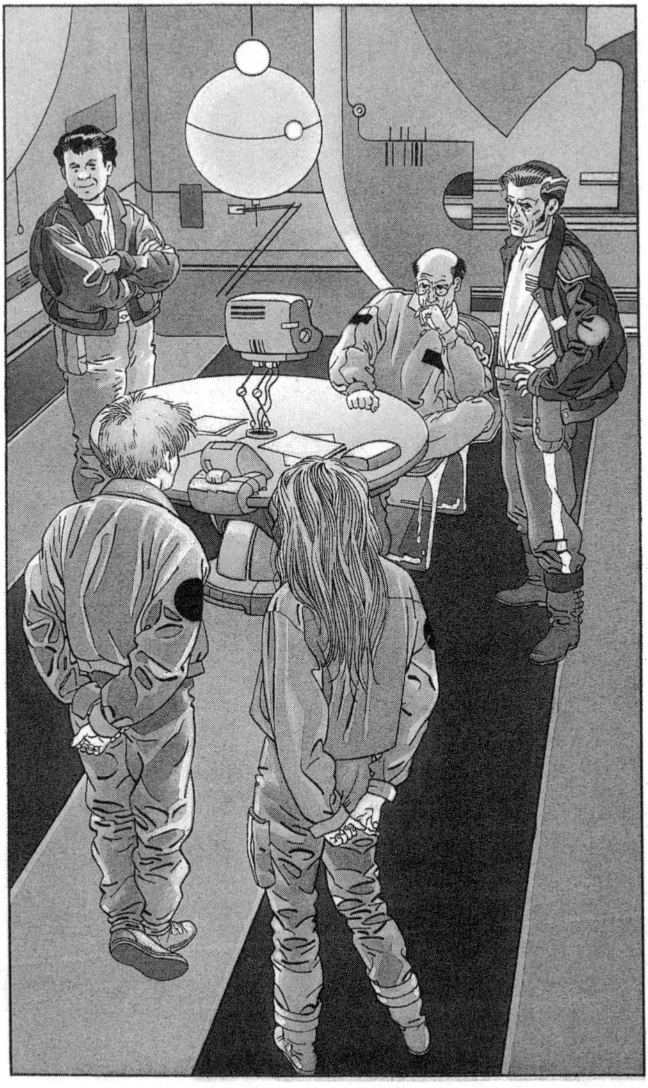

La pièce était immense et le bureau trônait au centre.

LE MAROUFLE

LA pièce était immense et le bureau trônait au centre. Derrière le directeur assis dans son fauteuil, se tenaient, debout, deux hommes. L'un d'eux était le capitaine Stefano Evrett. Il ne quittait pas Mégane et Kerri des yeux et n'avait pas prononcé une seule parole depuis le début de la conversation. Soudain il s'anima.

– Ces enfants sont fous, monsieur le directeur, je répète que j'ai vu la navette de Géraud et Prisca Joï s'écraser sur Amazonia. C'est impossible qu'ils aient survécu à l'explosion.

– Ils sont vivants, dit Kerri avec un calme stupéfiant. Je les *sens*.

La forêt les aurait engloutis.

– Ils se sont peut-être éjectés avant de toucher le sol..., suggéra l'autre homme qui se tenait debout.

– Je vous dis que non, assena Evrett en se tournant vers lui. J'ai survolé l'endroit. Il n'y avait aucune trace d'eux. Et puis de toute façon, si par une chance extraordinaire ils avaient survécu, la forêt les aurait engloutis. Il n'y a que les Mange-Forêts qui survivent sur Amazonia.

– Les Mange-Forêts ? reprit Mégane qui ne comprenait pas.

– Ce sont les principaux occupants de la planète Amazonia, expliqua l'autre homme.

Décidément, celui-là était bien plus aimable que le directeur et Stefano Evrett. Kerri le *sentait* tout prêt à les croire.

– Les Mange-Forêts sont des êtres humains ? demanda Mégane.

– Mais non ! Des animaux, protesta Evrett, il n'y a pas d'humains sur Amazonia.

Il n'y a pas d'humains sur Amazonia.

Il avait dit cela avec une telle force que le directeur leva la tête pour le regarder. Puis il se tourna à nouveau vers Mégane.

– Les Mange-Forêts sont de gigantesques chenilles, dit-il.

– Il y a aussi des petits êtres à fourrure, dit soudain Kerri.

– C'est exact, on les appelle les Maroufles, ajouta le directeur, mais… comment sais-tu ça ?

– Papa et maman m'en avaient parlé lorsqu'ils étaient revenus de la première expédition.

– Les Maroufles sont aussi des animaux, cracha Evrett. Et puis on s'en fiche de toutes ces bestioles, Maroufles ou Mange-Forêts ! Ce gosse délire totalement. Il est choqué par la mort de ses parents et il voudrait nous faire croire qu'il les entend.

– Je ne les entends pas, je les *sens*.

– Idiotie.

– Moi, je le crois, dit Mégane avec rage. Lorsque je suis gaie ou triste, Kerri le sait avant même que je le lui dise. Et je l'ai vu entrer en contact avec des animaux très souvent. Kerri est un *sensitif*, monsieur le directeur.

Les trois hommes se regardèrent.

– Puisque tu es *sensitif* avec les animaux, Kerri, dit le directeur, transmets donc un sentiment de peur à l'animal qui est de l'autre côté de la porte…

Il désigna du doigt une porte sombre

Kerri fixa la porte, puis ferma les yeux et se concentra.

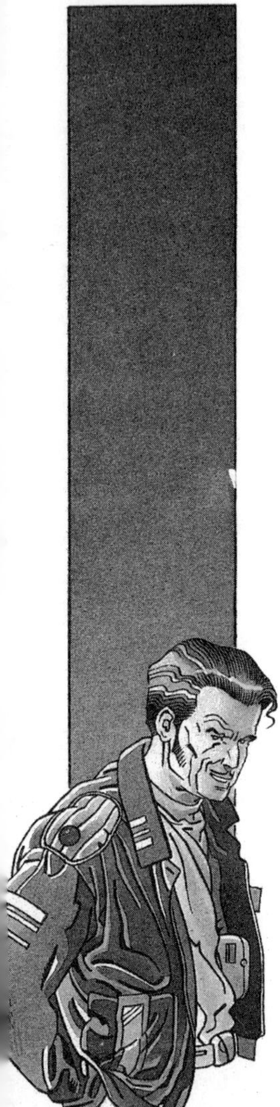

sur le côté de la pièce. Kerri fixa la porte, puis ferma les yeux et se concentra. Après quelques instants de silence, il rouvrit les yeux et dit, surpris :

– Je ne peux rien transmettre !

Evrett eut un petit sourire.

– Tu es sûr ? insista le directeur. Il n'y a donc pas d'animal derrière cette porte ?

– Non, dit Kerri en regardant successivement les trois hommes.

L'homme gentil soupira, Evrett prit un air triomphant, le directeur se cala dans son fauteuil avant de reprendre la parole.

– Je suis désolé, Kerri, mais tu t'es trompé. Il y a un animal derrière cette porte. Il y a un Maroufle d'Amazonia enfermé dans une cage. Le capitaine Evrett l'a rapporté de son expédition pour que nous puissions l'examiner. On va l'emporter tout à l'heure au Zoo Galactique.

Mégane regarda Kerri. Ils avaient soudain pâli tous les deux.

– Tu n'as rien senti, Kerri, ajouta le directeur. Cette mascarade a assez duré. Quittez tous les deux cette pièce. C'est triste pour toi, Kerri, mais tes parents sont hélas bien morts.

Comprenant qu'il n'y avait plus rien à espérer de ces hommes, Mégane prit Kerri par les épaules et l'entraîna vers la sortie. Il se laissa faire sans résister, il était effondré.

Mais dès qu'ils eurent franchi les portes de l'immeuble, Kerri sembla soudain reprendre vie.

– Il faut que je le voie !

– Quoi ? dit Mégane se demandant ce qu'il mijotait encore.

On ira ce soir voir le Maroufle.

– Le Maroufle !

– Pourquoi ?

– Je veux le voir. En avoir le cœur net. Pourquoi est-ce que je ne l'ai pas *senti*?

– Mais ils ont dit qu'ils allaient l'emmener au Zoo Galactique… Je ne sais même pas où c'est…

– Moi oui. J'y vais souvent pour voir les bêtes. Il y en a des magnifiques. Je les *touche*.

– Ce n'est pas dangereux ?

– Mégane ! Je ne les *TOUCHE* pas avec mes mains ! Je les *touche* avec mon esprit. J'essaie de les consoler car elles sont si seules, si loin de chez elles. Elles sont toutes splendides, tu sais. Je connais ce zoo à fond. On ira ce soir voir le Maroufle.

Mégane soupira. Elle n'essaya même pas de raisonner Kerri. Quand il avait décidé quelque chose, celui-là, il allait jusqu'au bout.

– Et si on se fait repérer par les gardiens ?

– Les gardiens, je m'en charge. C'est pas un problème ! Je te rappelle que j'ai un pouvoir !

– Sur les animaux, pas sur les humains.

– T'inquiète pas, j'ai une idée. Mais il faudra attendre qu'il fasse complètement nuit.

Kerri semblait si sûr de lui que Mégane se mit à rire.

– Parce que ton idée est lumineuse ?

– Tu ne crois pas si bien dire !

Les gardiens, je m'en charge.

Kerri et Mégane traversèrent la pelouse et se cachèrent.

PANIQUE AU ZOO GALACTIQUE

PEU avant minuit une explosion retentit à l'entrée nord du Zoo Galactique. Un instant plus tard, le ciel s'illuminait d'un beau rouge d'incendie. Kerri et Mégane traversèrent en courant la pelouse centrale et se cachèrent dans des buissons au moment où les gardiens sortaient de leur local. Ils étaient trois. Les hommes en uniforme sautèrent dans une camionnette et démarrèrent en trombe en direction de la lueur rouge.

– Ouf ! Ça a marché, murmura Kerri. Je me demandais si depuis Carnaval, ces pétards et ces feux de Bengale n'avaient pas pris l'humidité dans les sous-sols du Centre.

– On n'a pas beaucoup de temps devant nous ! dit Mégane. Ils vont vite se rendre compte que c'est une blague. On y va ?

Kerri acquiesça d'un signe de tête et s'élança en direction du local des gardiens. La cage du Maroufle trônait au centre, en pleine lumière.

Le petit être était prostré.

Le petit être était prostré dans un coin de la cage. Ses yeux étaient fermés. Il devait mesurer environ un mètre de haut quand il était debout. Son corps ressemblait à celui d'un enfant très mince aux longs muscles effilés. Il était entièrement recouvert d'une fourrure très courte et brillante qui semblait soyeuse.

Kerri s'approcha lentement de la cage. Il regardait le Maroufle avec avidité. Mégane arriva doucement dans son dos.

– Il est mignon, dit-elle. On dirait une grande peluche.

– C'est pas un jouet ! gronda Kerri.

– Kerri, je dis ça pour rire, je sais que c'est un animal.

– C'est bizarre. Je ne peux pas le *toucher* !

– Il vient d'une planète très lointaine, tu sais. Ton pouvoir ne peut sans doute rien sur lui, son espèce.

On dirait une grande peluche.

À ce moment, le Maroufle ouvrit les yeux. Ils étaient immenses, noirs comme la nuit et brillants. Il tourna la tête et son regard croisa celui de Kerri. Le garçon recula d'un pas, la bouche ouverte, comme stupéfait.

– Ça alors ! s'exclama-t-il.

– Eh bien ? demanda Mégane.

– Je le reçois Mégane, je *sens* ses sentiments. Il a peur, il est triste et il… il…

Kerri sembla haleter soudain. Mégane le prit par le bras, inquiète :

– Que se passe-t-il, Kerri ?

Kerri se tourna vers elle, les yeux brillants comme s'il avait eu la fièvre.

– Il éprouve de la haine, cria-t-il, de la haine pour ceux qui l'ont emprisonné !

Mégane regarda à nouveau le Maroufle. Elle resta un instant figée comme une statue. Puis elle s'accroupit devant la cage et tendit la main, paume ouverte, à travers les barreaux. Le Maroufle émit une suite de sons étouffés qui ressemblaient au bruit de bulles qui éclatent : « poc, poc, poc ». Puis, lentement, il tendit le bras et posa délicatement le bout de ses trois doigts sur le poignet de Mégane, là où pulse le pouls.

– Ce n'est pas un animal, Kerri, dit la jeune fille, émue. Voilà pourquoi tu ne pouvais rien lui transmettre au Centre. C'est un humanoïde[1]. Seul un humain peut avoir un sentiment de haine envers ses geôliers. Un animal chercherait tout simplement à s'échapper.

Un bruit de moteur à l'extérieur les fit se redresser tous les deux d'un coup. Les gardiens ! Jamais ils ne parviendraient à les convaincre que le Maroufle n'était pas un animal. Les employés du zoo ne croiraient pas plus Kerri et Mégane que le directeur du Centre spatial. La camionnette revenait. Dans moins de trois minutes les trois hommes seraient de retour. Kerri croisa le regard de Mégane. Ils n'eurent pas besoin d'échanger une

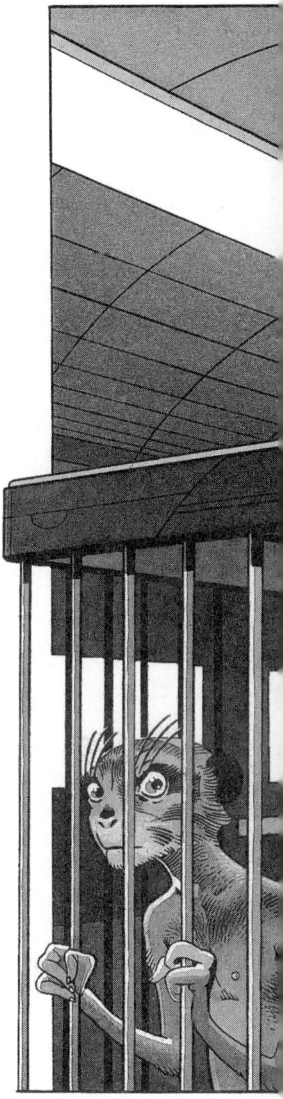

1. Humanoïde, *n. m.* : être voisin de l'homme.

seule parole. La jeune fille prit le déverrouilleur électronique qui était posé sur une table et le dirigea en direction de la serrure de la cage. La porte s'ouvrit avec un chuintement. Kerri bondit à l'intérieur et prit le Maroufle par la main. Dès qu'il eut franchi la porte, Mégane lui prit l'autre main. L'extraterrestre les observa alternativement de ses grands yeux noirs, puis regarda en direction de la porte ouverte sur la nuit. Alors, d'un commun accord, ils s'élancèrent tous les trois et disparurent dans le noir.

Ils vont nous rattraper !

Ils atteignirent les fourrés au moment où la camionnette revenait stationner devant le local.

– Ils vont nous rattraper ! se lamenta Mégane.

Kerri s'arrêta, fit demi-tour et lâcha la main du Maroufle. Il prit une profonde inspiration en fermant les yeux. De toutes ses forces, il envoya des ondes psychiques[1] en direction des animaux du zoo. Peur, colère, rage, envie de tuer… Il leur envoya toutes les sensations qui font hurler les bêtes, qu'elles soient terriennes ou de l'autre bout de la galaxie. De toutes les cages, de tous les enclos montèrent soudain des hurlements à glacer le sang. Les bêtes répondaient à leur manière à Kerri, le *sensitif*. Hurlant, grattant, battant leurs flancs contre les barreaux, arrachant la terre avec leurs griffes, les animaux transformèrent en un instant la calme soirée d'été en enfer.

De tous les enclos montèrent des hurlements.

À la porte de leur local, les trois gardiens s'étaient immobilisés, terrorisés.

---

1. Une onde psychique serait une vibration transmise par la pensée.

Mégane les vit soudain se bousculer pour entrer et barricader la porte. D'ici que les bêtes se calment et que les trois hommes osent à nouveau pointer leur nez dehors, les fuyards seraient loin !

– On y va ! dit Kerri en reprenant la main du Maroufle.

– Où ? demanda Mégane.

– Sur Amazonia, pardi ! On le ramène chez lui et on va retrouver mes parents.

Mégane n'eut pas le temps de répondre, que la course avait repris. Kerri les entraîna le long de sentiers boisés.

C'était vrai qu'il connaissait le zoo comme sa poche. Ce n'est que lorsqu'elle aperçut les lumières à l'horizon que Mégane comprit où Kerri les avait conduits. L'astroport !

Les ombres gigantesques des vaisseaux

posés sur leurs bases de départ se profilaient devant eux.

« Dieux de l'espace ! pensa Mégane, comment allons-nous faire pour partir avec un de ces engins ? »

Comme s'il avait lu dans ses pensées, Kerri dit :

– Nous allons voyager comme passagers clandestins !

Kerri, Mégane
et le Maroufle
n'eurent aucun
mal à entrer
sur les pistes.

PASSAGERS CLANDESTINS !

L'ASTROPORT était construit au milieu des champs et des bois, loin de toute habitation. On ne trouvait rien à proximité des grandes pistes d'atterrissage. Il n'y avait que le Zoo Galactique et la pension réservée aux enfants des astronautes en mission. Les passagers empruntaient des navettes aériennes depuis les villes lointaines, puis des véhicules souterrains jusqu'aux vaisseaux spatiaux. Jamais personne ne s'aventurait à pied le long des pistes. Voilà pourquoi il n'y avait autour de l'astroport que des grillages pour empêcher les biches et les cerfs des environs de s'aventurer sous les tuyères[1] des vaisseaux.

Kerri, Mégane et le Maroufle n'eurent aucun mal à entrer sur les pistes. À partir de là, les choses se compliquèrent un peu. Il fallait savoir à quel endroit étaient stationnés les vaisseaux en partance pour le système solaire d'Amazonia.

Il faut que tu y ailles, Mégane...

– On ne peut pas entrer dans la salle des départs pour consulter les panneaux avec le Maroufle, dit Kerri. Et si j'y vais, je vais me faire remarquer. Je suis trop jeune pour voyager seul. Il faut que tu y ailles, Mégane…

Mégane protesta. Elle n'avait pas l'intention de se lancer dans une telle aventure. Kerri n'avait qu'à se débrouiller

1. Tuyère, *n. f.* : large tuyau d'échappement des gaz brûlés.

sans elle. Après tout, elle n'était ni sa sœur, ni chargée de le protéger. Elle était, comme lui, pensionnaire, en attendant le retour de son père parti lui aussi en mission.

– Quand ta mère était mourante, dit brutalement Kerri, des lâches ont refusé de t'aider à la sauver, n'est-ce pas ? Ça ne te fait rien d'être pareille avec moi aujourd'hui ?

Mégane recula comme si Kerri l'avait giflée. Des larmes lui montèrent aux yeux. Tout de suite, Kerri regretta ses mots. C'était cruel. Il *sentait* la peine immense de son amie. Des années plus tôt, la maman de Mégane était morte à la suite d'un accident d'aéroglisseur. Malgré tous les efforts de la petite fille, personne ne s'était posé en la voyant faire des signes à côté de l'appareil immobilisé au sol. Les secours étaient arrivés trop tard.

– Excuse-moi, Mégane. Je suis méchant d'avoir dit ça, murmura Kerri en se serrant contre son amie. Mais j'ai besoin de toi. Sans toi, je ne peux rien faire pour retrouver mes parents. Et lui, dit-il, se retournant soudain vers le Maroufle, ils vont le reprendre et le remettre en cage ! S'il te plaît, Mégane, aide-nous…

Comme pour appuyer la prière de Kerri, le Maroufle se lança dans une longue série de « poc, poc, poc » en regardant Mégane.

La jeune fille essuya la larme qui coulait sur sa joue.

– D'accord, j'y vais, dit-elle après quelques secondes, mais on a intérêt à les retrouver, tes parents, parce que sinon…

– Je les *sens*, je t'assure qu'ils sont

vivants ! dit Kerri, fou de joie en lui sautant au cou.

Elle lui caressa les cheveux sous le regard du Maroufle qui émit une autre suite de « poc, poc, poc » sur un ton plus aigu.

– On va l'appeler Pock, dit-elle soudain, riant à nouveau, ça s'impose puisqu'il ne sait dire que ça ! Bien. Attendez-moi ici tous les deux. Je reviens le plus vite possible.

Kerri et Pock se cachèrent derrière les buissons. Un grand bruit les fit sursauter. À un kilomètre vers le nord un vaisseau décollait dans une apocalypse de flammes.

– Chrone ! jura encore Mégane avant de s'éloigner en direction des bâtiments de l'astroport, je préfère ne pas penser à la colère de mon père quand il saura

que j'ai fait le mur de la pension pour aller à l'autre bout de la galaxie !

Deux heures plus tard, ils étaient tous les trois cachés dans le placard à scaphandres d'un vaisseau stationné sur la dernière piste, avant les bois. La soute était restée ouverte pendant que le propriétaire du vaisseau discutait à l'écart avec des douaniers. Kerri avait bondi, Mégane et Pock l'avaient suivi. Maintenant ils étaient serrés comme des sardines dans ce placard minuscule. Ils chuchotaient. Même Pock semblait avoir compris et murmurait ses « poc, poc, poc » le moins fort possible.

– Tu es sûre qu'il va du côté d'Amazonia, ce machin ? Il me semble plutôt bancal pour aller si loin, dit Kerri.

– Si tu n'es pas content, marmonna Mégane, tu n'as qu'à retourner regarder les panneaux… Je te dis que c'était le seul qui partait vers le quadrant 43/1 de la galaxie. Et c'est dans ce coin-là que se trouve Amazonia d'après ce que…

– Chut ! l'interrompit Kerri. Je *sens* quelqu'un qui approche. Le pilote doit rentrer dans le vaisseau. Accrochez-vous, on va décoller.

Mégane croisa les doigts pour leur porter chance. Pock, la voyant faire, imita le geste avec une facilité déconcertante, vu la longueur de ses trois doigts. Mégane sourit. Après tout, deux porte-bonheur valent mieux qu'un !

Les moteurs se mirent à hurler à toute puissance.

CAP SUR AMAZONIA

IL se passa de longues minutes avant que la coque commence à vibrer. Les trois amis se donnèrent la main quand les moteurs se mirent à hurler à toute puissance. Pock semblait terrifié par les secousses qui agitaient le plancher. Kerri et Mégane échangèrent un regard alarmé. Que faisait le pilote ? C'était comme si le vaisseau ne parvenait pas, malgré tous ses efforts, à s'élever au-dessus de la piste. Mégane grogna :

– Alors elle s'arrache, cette casserole, oui ou non ?

– Je croyais que c'était ce que tu avais trouvé de mieux… ironisa Kerri.

Mais il ne décolle même pas droit !

La poussée vint d'un coup. Ils furent plaqués tous les trois contre la paroi du placard à scaphandres puis basculèrent brusquement les uns sur les autres.

– Mais il ne décolle même pas droit ! cria Kerri en se redressant tant bien que mal.

Pock et Mégane en firent autant en se massant les côtes. Mais à peine étaient-ils debout que le vaisseau prit soudain un virage si serré que les trois amis se retrouvèrent à nouveau par terre. Kerri entraîna dans sa chute un des scaphandres accrochés au mur. Le casque roula et alla cogner avec violence la porte métallique du placard.

– Et chrone ! jura Kerri, ce pilote est un…

La porte s'ouvrit brusquement. Un grand robot argenté se tenait dans l'embrasure. « Tiens, tiens… dit-il, on a de la compagnie ! Doc, vous allez être surpris tout à l'heure en voyant ce que j'ai trouvé… »

Il s'adressait à un homme que les enfants apercevaient derrière lui aux commandes du vaisseau. Jamais ils n'avaient vu un pilote aussi âgé. L'homme n'avait plus sur le crâne que quelques touffes de cheveux blancs mal coiffés.

– J'arrive, Einstein, dit le vieux navigateur, je fais encore une ou deux cabrioles pour embêter les gars de la tour de contrôle et je mets le pilote automatique.

– Est-ce bien prudent de mettre le pilote automatique si près du décollage ? demanda le robot Einstein.

– Ça peut pas être pire qu'en pilotage manuel… bougonna Kerri.

– Pardon ? demanda le robot en se retournant vers lui.

– Euh… dit Kerri.

– Égale MC^2, enchaîna immédiatement le robot.

Kerri et Mégane échangèrent un regard consterné. Où étaient-ils tombés ? Entre un pilote en âge d'être arrière-grand-père et un robot qui déraillait, ils n'étaient pas près d'atteindre Amazonia ! Allaient-ils même sortir vivants de cette équipée ?

– Mille milliards de mille tuyères ! vociféra le pilote en découvrant les trois passagers clandestins, mais qu'est-ce que c'est que ça ?

– Une humaine d'environ quatorze ans, un humain d'environ onze ans et un humanoïde, répondit le robot.

– Qu'est-ce que vous faites là tous les trois ? gronda le vieil homme.

– Euh… dit Mégane.

– Égale MC^2, ajouta aussitôt le robot.

– Oh, la ferme, Einstein ! lui cria le pilote.

– Excusez-moi, Doc, vous savez bien que je ne peux pas m'en empêcher, dit le grand robot sur un ton pleurnichard.

– Mais qu'est-ce qu'il a ? demanda Kerri au vieil homme en montrant le robot, il est malade ou quoi ?

– Malade ? Einstein ? Sachez, Monsieur l'humain d'onze ans environ, que vous avez devant vous le meilleur robot de toute la galaxie. Il sait tout faire, il peut tout comprendre. Il est mon assistant et mon ami. Bon, je reconnais qu'il est un peu casse-pied à chaque fois qu'on dit « Euh »…

– Égale MC^2, dit aussitôt le robot.

– … il sort sa formule mathématique,

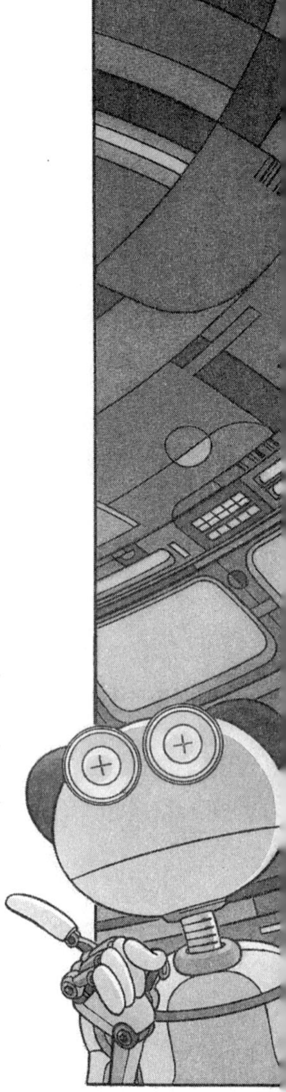

poursuivit le vieil homme. $E = MC^2$, vous connaissez ?

Devant la mine ignorante de Kerri et de Mégane, Doc leva les bras au ciel.

Doc leva les bras au ciel.

– Mais qu'est-ce qu'on vous apprend à l'école ! Albert Einstein, le vrai, était un grand savant qui a découvert quelque chose de très important en physique qu'on appelle la théorie de la relativité. C'est très compliqué, mais ça se résume par la formule E…

– Égale MC^2, termina le robot, visiblement ravi de pouvoir se laisser aller à son tic sans qu'on le dispute.

– E… essaya timidement Mégane en le regardant.

– Égale MC^2, dit le robot aussitôt.

– On gagne à tous les coups, grogna Doc, plus souvent qu'au Loto Galactique. Maintenant, sortez de ce placard, vous trois, et dites-moi ce que vous faites ici.

– On voudrait aller sur Amazonia, dit Kerri quand il fut au milieu de la salle de pilotage.

– Eh, mais La Gamelle n'est pas un taxi ! gronda le vieil homme.

– La Gamelle ? reprit Mégane.

– C'est le nom de mon vaisseau, répondit le pilote.

– Ah ça pour une gamelle, c'en est une ! dit Kerri. On s'en est rendu compte au décollage.

La Gamelle n'est pas un taxi !

Furieux, le vieil homme fit un pas en direction de Kerri. Einstein s'interposa et dit :

– Jeune humain d'environ onze ans, tu ne sais pas ce que tu dis. Doc la Ferraille est le meilleur pilote de…

– La galaxie, je suppose, acheva Kerri

en soupirant. Et ce vaisseau est le plus rapide de tous sans doute ?

– Parfaitement, dit Doc la Ferraille. Tu n'as pas l'air de nous croire, Einstein et moi, quand on dit ça.

– Moi, je ne demande qu'à vous croire, dit Kerri sur un ton innocent. Prouvez-le !

Mégane faisait les gros yeux à Kerri. Il y allait un peu fort. Le vieil homme pourrait se fâcher pour de bon et les débarquer au premier astroport venu. Mais, ignorant royalement les signes de son amie, Kerri poursuivit :

– On vous croira si on atteint Amazonia en moins de trois jours par exemple…

Doc la Ferraille ouvrit la bouche comme s'il manquait d'air, puis, brusquement, éclata de rire.

– Eh bien toi, tu ne manques pas de culot, garçon. Raconte-moi ton histoire. Peut-être bien qu'Amazonia n'est pas très loin de ma route après tout ! Surtout en passant par l'Hyper-Espace.

Kerri adressa un clin d'œil à Mégane tandis que le vieil homme les conduisait vers des sièges. C'était gagné ! La première partie du plan semblait en bonne voie !

Les passagers clandestins racontèrent les raisons de leur voyage.

ATTAQUE DANS L'HYPER-ESPACE

Autour d'un solide repas, les passagers clandestins racontèrent en détail à Doc la Ferraille et à Einstein les raisons de leur voyage en direction d'Amazonia.

– Mille millions de mille tuyères ! bougonna le vieil homme, tu peux vraiment faire des choses comme ça, garçon ?

Mégane venait de raconter comment Kerri avait déclenché la révolte des animaux du zoo.

– Tu me serais bien utile sur la planète Boundia, poursuivit Doc, il y a là-bas des bestioles, les Somnambules, on ne sait jamais ce qu'elles pensent ; parfois

Il y a bien des chercheurs qui se sont fait bouffer...

elles vous laissent faire tout ce que vous voulez autour d'elles, parfois elles vous sautent dessus. C'est regrettable parce que les crottes de Somnambules fossilisées sont les boundiamants…

– Les boundiamants ! Des crottes ? s'écria Mégane, mais on en fait des bijoux splendides…

– Eh oui, répondit Doc avec un soupir, les boundiamants valent une fortune parce que les bijoux qu'on fabrique avec changent de couleur suivant les vêtements que portent les dames… Mais ils valent très cher, car il y a bien des chercheurs qui se sont fait bouffer par les Somnambules avant d'avoir eu le temps de quitter la planète ! Une seule fois, j'ai osé m'aventurer sur Boundia. Et j'ai réussi à ramener un boundiamant. C'est avec ça que j'ai acheté La Gamelle.

– Ça devait être il y a longtemps, constata Mégane avec un sourire ironique, vu l'état du vaisseau.

Je vais devenir riche !

– Si tu venais avec moi, garçon, dit Doc à Kerri, tu *transmettrais* une impression de paix à ces fichus Somnambules et on pourrait se déplacer sans risque.

– Promis, Doc, dit Kerri, si vous m'aidez à retrouver mes parents, j'irai avec vous sur Boundia pour une expédition.

– Vrai ? dit le vieil homme dont le visage s'illumina, mille milliards de mille tuyères… je vais devenir riche !

– Vous pourrez enfin faire réparer ce vieux tas de tôles ! dit Kerri en riant.

Einstein, qui revenait à ce moment des soutes du vaisseau, crut que Kerri parlait de lui.

Outragé, le robot se mit à lancer une suite de mots dans toutes sortes de langues ! À voir sa tête il ne devait pas s'agir de mots doux !

Soudain, alors qu'Einstein émettait une sorte de couinement, Pock releva la tête d'un coup et bondit sur ses pieds. Il prononça lui aussi une série de couinements désagréables auxquels le robot sembla répondre. Doc, Mégane et Kerri assistaient à cette conversation, plutôt ahuris. Enfin, Pock se mit à faire des cabrioles enthousiastes.

– Je le comprends, expliqua Einstein, il parle un langage proche de celui des Sris de la planète Orion II. C'est fait de mots très simples. Laissez-moi une heure ou deux et j'aurai vite fait d'assimiler son vocabulaire.

– Voilà qui va arranger les choses, dit Doc. On va pouvoir lui demander ce qu'il mange, car il doit commencer à mourir de faim.

Einstein s'adressa à Pock qui répondit par une suite de cris aigus.

– Il demande une sorte de plante. Mais ça ne correspond à rien de ce que nous avons à bord, Doc. Sauf peut-être les papoz…

– Les papoz ! Oh non…

– Qu'est-ce que c'est ? demanda Kerri.

– J'ai une petite cargaison de papoz en soute, dit Doc, s'il les mange…

– Il y en a 6 500, précisa Einstein, le Maroufle peut bien en manger quelques-uns…

– Mais c'est quoi, ces plantes ? demanda à son tour Mégane.

– Des arbres nains qui donnent des fruits miniatures succulents. Je compte les échanger sur la planète Ecox contre du minerai.

De la contrebande !

– Mais quel est votre métier exactement ? demanda encore Mégane, de plus en plus intriguée.

– Je n'ai pas de métier, bougonna le vieil homme.

– Nous faisons du troc, expliqua Einstein, nous échangeons des produits sans passer par les douanes.

– De la contrebande ! s'exclama Kerri.

Doc la Ferraille ne savait trop quoi dire.

– Euh… bafouilla-t-il.

– Égale MC², en profita pour murmurer Einstein.

– On peut en effet appeler cela comme ça, acheva le vieux pilote. Mais si jamais vous me dénoncez, gare à vous, je vous sonnerai les cloches.

À peine eut-il prononcé ces mots qu'une violente sirène se mit à vriller les tympans de tout le monde. Tout en se bouchant les oreilles, Kerri cria :

– Côté effets spéciaux, La Gamelle dépasse tout ce que j'avais connu jusqu'à aujourd'hui !

– C'est le radar, dit Einstein en se connectant à l'ordinateur de bord.

Mauvaises nouvelles : La Gamelle était suivie. Un vaisseau inconnu les poursuivait. Ce n'était pas un patrouilleur des douanes. Einstein ne parvenait pas à identifier son code. Or il connaissait tous les codes secrets des douaniers, depuis le temps qu'ils jouaient au chat et à la souris avec eux !

– Je pense que c'est vous qu'ils poursuivent, conclut le robot en se tournant vers Kerri et Mégane.

– Nous ? demanda Mégane. Personne ne nous a vus monter dans La Gamelle.

– Quelqu'un a donc fait le rapprochement entre le départ de La Gamelle et votre disparition, dit Doc. Ce type pense que vous êtes à bord et veut peut-être vous interroger pour…

Une violente secousse déséquilibra tout le monde. Pock tomba même sur les fesses au milieu de la salle. Un éclair blanc illumina l'espace, derrière les hublots.

– Mais ils nous tirent dessus, hurla

Doc en se précipitant aux commandes. Je retire ce que j'ai dit, ils ne veulent pas vous interroger, ils veulent vous faire disparaître ! Et nous avec... Einstein, remue-toi les boulons ! Dis-nous comment sortir de ce guêpier !

Le robot s'activait sur les commandes de La Gamelle avec une rapidité dont un humain n'aurait pas été capable. Dans un coin, Mégane, Kerri et Pock, effrayés, regardaient par un hublot les explosions silencieuses tout autour du vaisseau. À chaque éclair, La Gamelle était secouée comme un vulgaire panier.

– Si nous sortions maintenant de l'Hyper-Espace, nous serions en plein dans un amas d'astéroïdes, remarqua Einstein, très calme. La Gamelle pourrait s'y faufiler.

– Parfait, dit Doc. Au milieu d'astéroïdes, les radars de nos poursuivants auront du mal à ajuster leurs tirs !

Le pilote pianota sur un des nombreux claviers de son tableau de bord et La Gamelle sembla se cabrer pour ensuite tomber comme une pierre. La sensation était celle d'un gigantesque trou d'air en avion. Mégane glissa au sol et porta la main à sa bouche, persuadée qu'elle allait vomir. Kerri, lui, n'aurait fermé les yeux pour rien au monde. Il dut se cramponner de toutes ses forces pour maintenir son visage à la hauteur du hublot.

Autour d'eux les astéroïdes apparurent d'un coup. Il y en avait des centaines, flottant dans le vide, tournant lentement sur eux-mêmes. Piloter au milieu de tous ces obstacles était un pari démentiel.

*Autour d'eux,
les astéroïdes
apparurent
d'un coup.*

– Est-ce qu'on les a semés ? demanda Doc à Einstein.

Le robot n'eut pas à répondre. Le vaisseau mystérieux apparut soudain à leur côté, sortant lui aussi de l'Hyper-Espace. À peine fut-il visible que les tirs reprirent.

– Slalom à vue ! cria Doc.

– Oh non ! gémit Mégane.

Le vieux pilote lança La Gamelle à pleine puissance en direction de l'astéroïde le plus proche. Juste avant la collision, il décrocha vers la droite. Le tir du vaisseau ennemi atteignit l'astéroïde qui éclata comme une pastèque trop mûre.

Le tir du vaisseau ennemi atteignit l'astéroïde.

Ce manège se reproduisit quelques instants plus tard avec un second astéroïde. La Gamelle décrocha cette fois vers la gauche. L'astéroïde fut volatilisé en une gerbe d'éclairs. On se serait cru dans une partie de flipper. À la différence près que les tilts étaient mortels !

– Ça pète de tous les côtés ! dit Kerri en se laissant glisser près de Mégane. Un feu de Dieu ! Tu devrais regarder.

– Passe-moi les détails, gémit la jeune fille. Une chance que dans l'espace on n'entende pas le bruit des explosions, sinon, je serais déjà morte de peur ; et lui aussi, ajouta-t-elle en montrant Pock serré contre elle.

– Un orage magnétique ! cria soudain Einstein, à quinze minutes devant nous.

– Excellent, jubila Doc, en se frottant les mains avant de les poser à nouveau sur la barre du vaisseau. On repasse en Hyper-Espace et on fonce dedans !

– Quoi ! s'étouffa Kerri. Foncer dans un orage magnétique en Hyper-Espace ? Mais on va faire fondre la coque !

– Rassure-toi, garçon, La Gamelle en a vu d'autres ! Je me souviens, il y a bien trente ans de ça, je me trouvais derrière l'étoile de Tannhäuser, dans la constellation du Cygne…

Et tandis que le vieil homme évoquait ses souvenirs, Kerri et Mégane, se relevant, aperçurent l'impressionnant orage magnétique qui commençait à illuminer d'inquiétante façon l'Hyper-Espace.

– Einstein, supplia Mégane, qu'est-ce qu'on doit faire ?

– Rien, répondit le robot. Profitez du spectacle. Doc et moi, on s'occupe de tout, mais bouclez tout de même vos ceintures. Ça va tanguer !

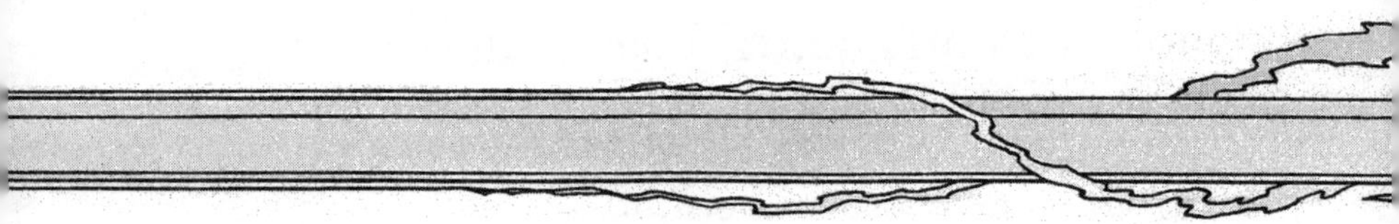

Les deux enfants échangèrent un regard désespéré.

– Moi qui n'ai jamais voulu faire le Space Tour au parc d'attractions par peur des secousses, gémit Mégane, je suis servie !

Elle ferma les yeux et serra les mains de Kerri et de Pock. Kerri eut un frisson quand il vit Doc préparer La Gamelle à plonger dans le tourbillon d'éclairs.

– C'est parti ! Roulez jeunesse ! cria le vieux pilote.

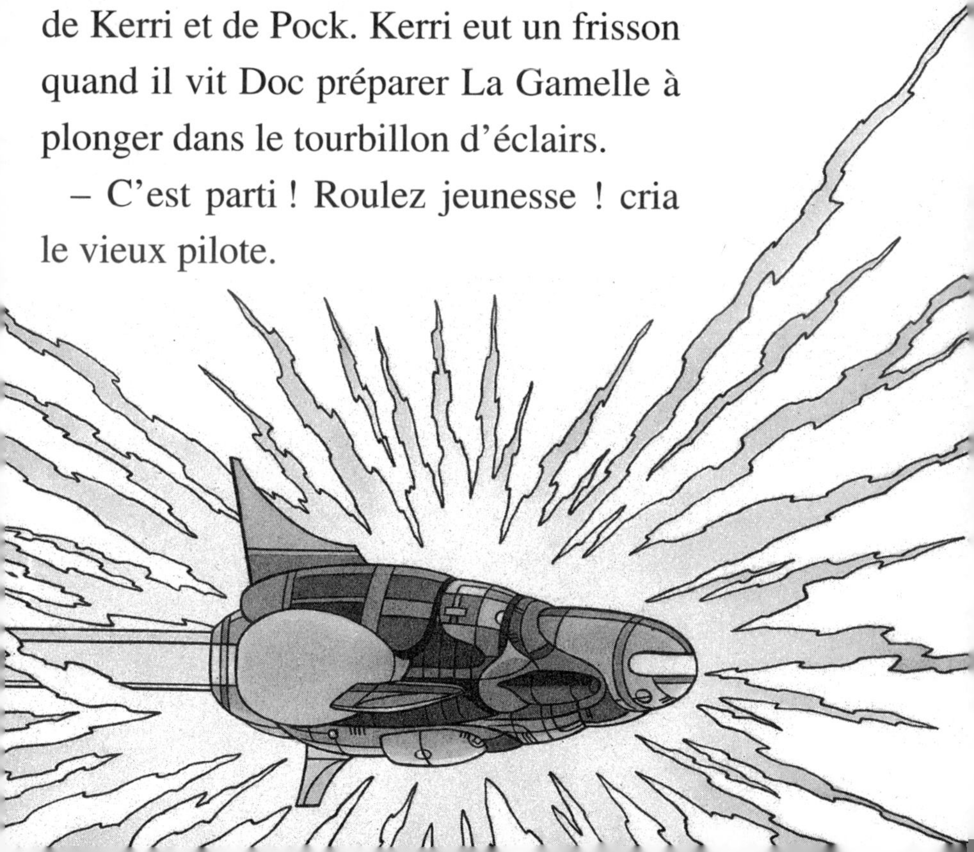

Doc la Ferraille annonça qu'il avait semé ses poursuivants.

LA PLANÈTE VERTE

DOUZE heures plus tard, à l'autre bout de la tempête magnétique, Doc la Ferraille, épuisé mais triomphant, annonça qu'il avait semé ses poursuivants. Dans un coin de la salle de pilotage, Mégane, Kerri et Pock, exténués, n'eurent même pas la force d'applaudir. Doc les installa sur des couchettes improvisées et disparut dans sa cabine. C'était à Einstein de prendre le relais.

Finalement, La Gamelle n'avait pas subi de gros dommages en traversant l'orage magnétique. Seuls quelques convertisseurs d'énergie avaient sauté et certains appareils de mesures avaient rendu l'âme. Le robot se chargea des réparations les plus urgentes. Pour cela, il travailla sans relâche pendant que ses passagers prenaient un repos bien mérité. Doc la Ferraille avait toutes les raisons d'être fier de son vieux vaisseau, brinquebalant certes, mais toujours vaillant dans les pires circonstances.

Le lendemain, Kerri, Mégane et Pock émergèrent de leurs couchettes, l'œil embrumé et le cheveu en bataille. Il était clair que les événements de la veille avaient pesé lourd sur un sommeil très agité.

– À la bonne heure ! s'exclama le vieux navigateur, voilà nos passagers clandestins d'attaque pour cette belle journée.

– Belle journée, c'est vite dit, rétorqua Mégane. Si elle ressemble à celle d'hier, je préfère qu'on me mette tout de suite en hibernation !

– Mais non, dit Doc en riant, passez donc à table. Einstein vous a préparé un petit déjeuner dont vous me direz des nouvelles. Après, j'ai une surprise pour vous.

Les passagers retrouvèrent vite le sourire.

L'appétit vient en mangeant, c'est bien connu, mais le moral également. Les passagers retrouvèrent vite le sourire. Doc les regarda avec plaisir se jeter sur les grosses tranches de pain blanc et sa délicieuse confiture d'Almaranthe qu'il faisait venir spécialement de la planète Vega IV. Cela devait les changer de tous ces produits reconstitués qu'une majorité d'enfants avalaient désormais sur la plupart des planètes colonisées. Pock se contenta d'un bol de pousses de papoz. Doc le

regarda d'un drôle d'air dévorer une partie de sa cargaison. Enfin, il en resterait tout de même assez à échanger contre le minerai ecoxien.

Une fois qu'ils furent rassasiés, le vieil homme entraîna les trois amis vers la salle de pilotage. Einstein s'y trouvait ; il était aux commandes et en profitait pour procéder à des tests de vérification. Lorsqu'ils furent tous assis, Doc ordonna au robot de brancher la visualisation extérieure. Les enfants ne purent retenir un cri de surprise. Sur l'écran s'affichait une planète d'un vert éclatant.

– Mademoiselle, messieurs, je vous présente la planète Amazonia.

– Qu'elle est belle ! s'exclama Kerri.

– On dirait l'œil d'un dragon géant, renchérit Mégane.

Un couinement d'Einstein fit sursauter Pock sur son siège. Ce dernier poussa alors une suite ininterrompue de cris qui firent penser à un ordinateur coincé dans la boucle d'un mauvais programme.

– Qu'est-ce qu'il raconte ? demanda Doc.

– Je viens de lui dire que c'est sa planète et cela le rend fou de joie, répondit Einstein. Enfin, je lui ai dit quelque chose qui ressemble à "E. T. regarder maison".

– Fais-nous un agrandissement de la maison, dit Doc en riant.

Le robot appuya sur deux ou trois boutons. Aussitôt l'image zooma, la planète Amazonia sembla s'approcher brusquement du vaisseau au point de vouloir le percuter. Il fut alors possible de l'examiner plus en détail. Sa couleur verte, qui

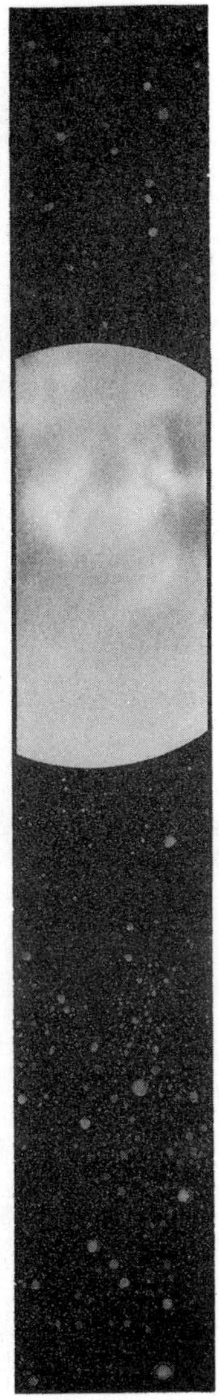

frappait tant l'imagination, était due à la forêt très dense qui la recouvrait. À croire qu'un jardinier céleste s'était amusé à l'ensemencer en jetant des milliards de graines du même arbre. Un unique massif rocheux émergeait péniblement de cette marée verdoyante.

L'image à l'écran grossit encore et montra un immense continent qui occupait à lui seul un tiers de la planète. Une impression d'étouffement frappa l'équipage.

– Regardez-moi ça, s'exclama Doc, ces arbres poussent comme du véritable chiendent. Ils envahissent tout, recouvrent chaque pouce de terrain, même jusqu'au bord des mers.

– Ces traînées blanches et ces ronds qu'on aperçoit par endroit, qu'est-ce que c'est ? demanda Kerri.

Pock émit une série de gargouillis qu'Einstein traduisit aussitôt.

– Notre ami le Maroufle dit qu'il s'agit des Mange-Forêts. Rappelez-vous ce qu'on vous a raconté l'autre jour. Ce sont de gigantesques chenilles qui dévorent les arbres, traçant des sillons à travers les bois. Lorsque les Mange-Forêts sont repus, ils tracent un énorme cercle, puis s'endorment pour plusieurs jours. D'après ce que Pock m'a expliqué, les Maroufles vivent derrière.

– Derrière chacune de ces grosses bestioles, il y a un clan de Maroufles qui marchent sans cesse ? interrogea Mégane.

– Exact. C'est leur façon de vivre ; se déplacer est une obligation pour eux, poursuivit le robot. Les arbres repoussent si vite qu'ils étoufferaient ceux

Un Mange-Forêt ne dort jamais plus de quatre jours.

qui resteraient sur place plus d'une semaine.

– Mais lorsqu'un Mange-Forêt s'endort, que se passe-t-il ? demanda Kerri.

– Les Maroufles en profitent pour se reposer également dans la clairière qu'il a tracée avant de s'endormir. De toute façon, un Mange-Forêt ne dort jamais plus de quatre jours.

– En tout cas, ajouta Doc, nous allons profiter de l'aubaine et poser La Gamelle dans une de ces clairières. Les copains de Pock ne devraient pas être bien loin.

Une certaine appréhension s'empara de Kerri. Il eut une pensée émue pour ses parents, perdus dans cet enfer vert. Les retrouver n'allait pas être une mince affaire.

– Bon, poursuivit le vieil homme, dans quelques minutes nous allons entamer la phase finale d'approche, aussi il est plus prudent que chacun rejoigne son siège et boucle sa ceinture. Einstein, je vais prendre le manche, car poser La Gamelle sur un de ces plats ronds ne va pas être de la tarte !

Doc était un as du pilotage.

L'atterrissage fut parfait. Doc était un as du pilotage. Si le décollage sur Terre avait été si acrobatique, ce n'était que pour tromper les douaniers.

Les tuyères de La Gamelle fumaient encore lorsque la passerelle se déploya jusqu'au sol. Kerri, suivi d'Einstein, puis de Pock et de Mégane, descendit avec précaution la rampe qui menait à la terre ferme. Insensible à l'odeur de bois fraîchement coupé qui saturait l'atmosphère, Kerri *sentit* ses parents avec mille fois plus de puissance qu'au Centre. Il en vacilla d'émotion. Où étaient-ils ?

Puis le groupe s'éloigna du vaisseau et se dirigea vers le coin gauche de la clairière, là où se tenait le Mange-Forêt endormi. Le vacarme de la fusée ne l'avait même pas réveillé. Doc les rejoignit alors :

– C'est curieux, je ne vois aucun Maroufle.

Brusquement, Pock se mit à faire un

boucan épouvantable. Il criait très fort et agitait ses bras en tous sens.

– Qu'est-ce qu'il lui prend ? demanda Mégane.

– Il appelle ses congénères, répondit Einstein.

– Je ne vois personne, dit Kerri. Pourtant je *sens* la présence d'autres êtres partout autour de nous.

Tout à coup, un Maroufle sortit timidement de derrière un arbre, un second se montra aussi, puis un troisième. Bientôt plusieurs dizaines d'individus firent leur apparition. Ils formèrent un cercle autour des étrangers, tandis que Pock ne cessait de leur parler.

– Il leur dit que nous sommes très gentils et qu'ils n'ont rien à craindre, traduisit le robot.

Au bout de quelques minutes, les

jeunes Maroufles, plus curieux, mais aussi plus hardis que leurs aînés, s'approchèrent des humains et commencèrent à toucher leurs habits. Ils étaient aussi fortement impressionnés par la carrure d'Einstein et son aspect métallique. Mégane prit dans ses bras un tout petit Maroufle qui, guère intimidé, caressa ses longs cheveux bouclés.

– Je suis tout à fait rassuré par ce que je vois, dit Doc.

– Quand je pense, dit Mégane, que Stefano Evrett a dit qu'il n'y avait que des animaux sur Amazonia ! Il est aveugle, ce type, ou quoi ?

– Il n'est pas aveugle du tout, dit Doc. Il est menteur. Il a dit ça pour que cette planète soit déclarée exploitable, pardi ! C'est le bois qui l'intéresse, conclut le vieil homme.

– Les hommes comme lui sont aussi des Mange-Forêts, s'exclama Kerri, mais pas aussi sympathiques que celui-là !

Il regarda le gigantesque animal endormi, qui digérait tranquillement sa ration d'arbres. Il ne coupait que ce qu'il lui fallait pour vivre.

– Les enfants, dit le vieux pilote, je dois malheureusement poursuivre ma route sous peine de perdre l'ensemble de ma cargaison. Les papoz ne peuvent se passer de soleil très longtemps. Mais ne vous inquiétez pas, je vous promets de revenir très vite. D'ailleurs, Einstein restera pour vous protéger en cas de besoin et traduire le langage des Maroufles.

– Doc, vous êtes formidable, dit Kerri. Sans vous, jamais je n'aurais pu atteindre Amazonia. Je suis sûr que mes parents sont ici quelque part. Je les *sens* de plus en plus nettement. Avec l'aide d'Einstein et des Maroufles, nous arriverons, Mégane et moi, à les retrouver.

La jeune fille s'approcha du vieux navigateur et l'embrassa tendrement sur les deux joues.

– Merci pour votre aide, lui dit-elle.

Doc la Ferraille rougit jusqu'à ses trois dernières mèches de cheveux blancs. Il n'était pas habitué à de telles marques d'amitié.

– Euh... bredouilla-t-il.

– Égale MC^2, glissa Einstein au passage.

– Faites bien attention à vous, les enfants. Rendez-vous bientôt au pied des montagnes que nous avons aperçues depuis l'espace. Einstein a les coordonnées, lieu et date, dans ses mémoires.

Quelques instants plus tard, Mégane et Kerri, entourés du petit peuple des Maroufles, regardèrent avec un petit pincement au cœur s'éloigner La Gamelle. Elle disparut très vite dans les nuages.

L'énorme chenille broutait les arbres comme s'il s'agissait de brins d'herbe.

DERRIÈRE LE MANGE-FORÊT

CELA faisait deux jours que le Mange-Forêt avait repris sa course. L'énorme chenille aux couleurs vives broutait les arbres comme s'il s'agissait de vulgaires brins d'herbe. Elle taillait un sillon rectiligne à travers la forêt. Rien ne semblait pouvoir l'arrêter ni la faire dévier de son chemin. C'était bien là le problème pour Kerri. Les Maroufles se laissaient guider au gré de la fantaisie de leur Mange-Forêt. Peu leur importait qu'ils aillent ici ou là. La vie était ainsi faite : ils devaient toute leur vie marcher derrière cet énorme animal, mais l'endroit où ils se trou-

Le Mange-Forêt n'avait pas pris la bonne direction !

vaient ne les intéressait pas. Toutes les contrées se ressemblaient : partout une forêt verte, sombre, impénétrable. Or pour Kerri, il en allait tout autrement. Ses parents se trouvaient en un lieu précis de la planète. Il sentait le lien qui le reliait à eux s'amenuiser chaque jour davantage. Cela signifiait que le Mange-Forêt n'avait pas pris la bonne direction ! Par l'intermédiaire d'Einstein, le jeune garçon avait demandé aux Maroufles s'il y avait un moyen de lui faire faire demi-tour.

– Les Mange-Forêts sont des Dieux-Vivants, avait répondu Pock. Ils vont là où ils ont envie d'aller. Ils changent de direction quand bon leur semble. Les Maroufles n'y peuvent rien.

– Mais alors, ils sont condamnés à vivre dans leur clan, sans jamais en rencontrer d'autres ? demanda Mégane.

– Pas du tout, rétorqua le robot, les chemins des Mange-Forêts se frôlent, se croisent au hasard de leurs déplacements. Cela permet aux Maroufles de découvrir d'autres tribus. Ils organisent alors une grande fête pour mieux se connaître. Certains trouvent une compagne ou un compagnon dans l'autre clan et ils décident de quitter leur famille. Ils suivent alors l'autre Mange-Forêt.

Pour Kerri, la seule solution était de suivre les chemins des chenilles qui le rapprocheraient le plus de ses parents. Mais cela risquait de prendre beaucoup de temps. Or, il n'en possédait guère. Ceux qui dans l'espace avaient tenté de le tuer ainsi que ses compagnons risquaient fort de vouloir recommencer

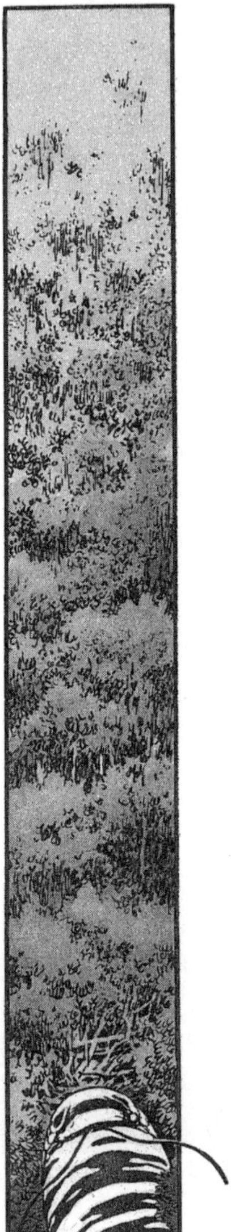

ici, sur la planète Amazonia, ou de s'en prendre également à son père et à sa mère. Le jeune garçon essayait de ne rien laisser transparaître de ses sentiments. Pourtant, Mégane n'était pas dupe, elle sentait bien que son ami était inquiet et angoissé. Même Einstein s'en était aperçu. Son corps métallique cachait un cœur tendre, capable de discerner le désarroi d'un être humain. Mais pour l'instant, il n'y avait rien à faire sinon suivre le chemin de la grande chenille.

La vie derrière le Mange-Forêt s'écoulait selon des rites immuables. Le camp se réveillait de très bonne heure. Les Maroufles allumaient un grand feu, faisaient cuire des galettes de farine de graines, croquaient dans de succulents fruits ramassés la veille. Kerri et

Mégane partageaient leur repas, mais l'agrémentaient de rations qu'ils avaient emportées avec eux. Puis le signal de départ était donné. Il était temps de se mettre en route pour rattraper la grosse chenille. Car celle-ci ne s'arrêtait pas la nuit. Elle continuait imperturbablement son chemin, ne s'immobilisant que lorsqu'elle était repue. Aussi, il ne fallait pas traîner, se laisser distancer par elle sous peine de se laisser étouffer par la forêt. Déjà, de jeunes pousses émergeaient de la piste tracée par le Mange-Forêt, prêtes à effacer cette cicatrice taillée par la bête. Pock avait raconté des histoires horribles où des clans inexpérimentés s'étaient laissés surprendre par la vitesse de la chenille ; ils n'avaient jamais pu la rejoindre, car de jeunes arbres avaient bloqué le passage.

La prison verte s'était refermée, les engloutissant à jamais.

La tribu des Maroufles était parfaitement organisée. Les plus jeunes et les plus vieux étaient portés sur des traîneaux faits de bois et de branchages tressés. Les adultes les plus forts se chargeaient de les tirer. Ainsi le clan n'était pas ralenti. Après deux bonnes heures de marche à l'allure soutenue, on apercevait enfin le Mange-Forêt. La chenille merveilleusement parée de couleurs vives et chatoyantes contrastait avec le vert ambiant. Les humains ne peinaient guère pendant cette marche forcée, parce que leur pas valait deux fois celui des petits habitants d'Amazonia.

Le premier jour, Mégane avait eu peur du Mange-Forêt et n'avait pas osé,

Pour l'instant,
il n'y avait
rien à faire
sinon suivre
le chemin de
la grande
chenille.

contrairement à Kerri, poser sa main sur son corps. Mais elle s'était vite aperçue que la chenille était parfaitement inoffensive, incapable d'un quelconque mouvement d'humeur. Sa peau était douce et tiède. Les longs poils qui la recouvraient étaient souples et ondulaient légèrement. Très souvent, malgré les remontrances de leurs parents, les jeunes Maroufles s'accrochaient à cette étrange fourrure et se laissaient traîner sur plusieurs mètres.

La chenille était inoffensive.

Le cinquième jour, la piste taillée par l'animal croisa celle d'un autre. Mais ce n'était pas, hélas, la bonne direction. De plus, la trace était déjà à moitié effacée par la pousse de jeunes arbustes, on ne put savoir si des Maroufles marchaient derrière cet autre Mange-Forêt.

En permanence, les Maroufles adultes

grimpaient tout en haut des arbres qui étaient en bordure de la percée. Ils récoltaient des fruits succulents pour l'ensemble de la tribu. Ils les lançaient vers le bas où d'autres les attrapaient avec une dextérité qui laissait pantois[1] Kerri et Mégane. Il fallait accompagner le fruit dans sa course pour qu'il n'éclate pas dans les mains. Le jeune garçon avait essayé d'en rattraper, mais sans grand succès. Il y renonça définitivement au moment où un projectile l'atteignit sur le crâne, ce qui déclencha un fou rire collectif. Et comme le rire d'un Maroufle ressemble à une porte qui grince, on se serait cru à un concert de couinements pour portes et fenêtres en tempête majeure.

Un projectile l'atteignit sur le crâne.

1. Pantois, *adj.* : très surpris, stupéfait.

Ce matin-là ne dérogeait pas à la règle. Une bonne dizaine de Maroufles étaient montés à la cime des arbres pour la cueillette des fruits. Soudain, l'un d'entre eux poussa un cri plaintif et appela frénétiquement ceux d'en bas. Un vent de panique souffla sur tout le clan.

– Que se passe-t-il ? demanda Kerri à Einstein.

– Je n'en sais rien, ils parlent trop vite, je n'arrive pas à comprendre.

L'extrême agitation du petit peuple continuait de plus belle. Ils couraient dans tous les sens, conscients d'un terrible danger que les humains ne connaissaient pas.

– Je vais monter sur un arbre, décida Kerri.

– Non, ne fais pas ça, lui dit Mégane, tu vas te tuer. Regarde la hauteur de ces arbres.

– Ne crains rien, je n'ai pas le vertige.

Sans plus attendre, il s'élança à l'assaut de l'arbre le plus proche. Avec agilité, il grimpa branche après branche jusqu'à son faîte. Mégane et Einstein le

On dirait qu'il vient droit vers nous.

distinguaient avec peine, tout en haut du feuillage dru.

– Alors, que vois-tu ? cria la jeune fille.

– Il y a un autre Mange-Forêt, là-bas au loin. On dirait qu'il vient droit vers nous.

À moins d'un kilomètre, l'autre animal abattait les arbres tandis que le leur avançait toujours. Aucune des deux bêtes ne semblait se soucier de l'autre et continuait son bonhomme de chemin comme si de rien n'était.

Pock s'approcha d'Einstein et gazouilla avec force gestes et mimiques.

– Il dit que les Dieux vont s'écraser l'un contre l'autre, qu'ils vont mourir en entraînant dans leur mort tous les Maroufles.

– Mais ils peuvent bien s'arrêter, déclara Mégane.

– Les Mange-Forêts, répondit le robot, sont des êtres très primitifs. Ils ne perçoivent pas la présence de leurs congénères. De plus, vu leur masse énorme, ils sont comme deux trains de marchandises roulant sur la même voie. Entraînés par leur poids, ils vont se fracasser l'un contre l'autre. La forêt aura vite fait de les recouvrir ainsi que nous tous, bloqués derrière les cadavres des chenilles.

– Il n'y a aucune solution ? interrogea Kerri qui était redescendu de son perchoir.

– Il faudrait qu'un des deux Mange-Forêts se détourne pour que la catastrophe n'ait pas lieu, conclut le robot d'une voix sourde.

– Kerri, implora Mégane, toi seul peux nous sauver. Essaie ton pouvoir !

Ils vont se fracasser l'un contre l'autre !

– Mais je t'ai déjà dit que j'avais essayé une fois, le jour de notre arrivée, et je n'ai pas réussi. *Toucher* un animal c'est une chose, le commander c'en est une autre !

– Essaie encore, je t'en prie, pour nous tous…

– Je veux bien essayer, mais je ne promets rien.

Pour mieux se concentrer, le jeune garçon s'assit sur les talons, bras tendus et poings serrés. Il semblait adresser une prière au Dieu-Vivant. En le voyant ainsi, les Maroufles se calmèrent peu à peu, conscients que Kerri tentait là quelque chose pour les sauver. Un calme étrange régnait dans la clairière, seul le craquement des arbres qui s'abattaient égrenait les secondes restantes avant l'inéluctable rencontre.

Il semblait adresser une prière au Dieu-Vivant.

C'était une question de vie ou de mort.

La blancheur du visage de Kerri trahissait l'effort psychique intense qu'il fournissait. Petit à petit, son esprit s'insinua dans les méandres sensoriels du Mange-Forêt, communia avec les sensations frustes de l'animal. Tout d'abord, l'esprit de Kerri ressentit du dégoût comme au premier essai qu'il avait fait avec la bête. Il fut tenté de rompre le contact. Mais non, non, il fallait continuer, c'était une question de vie ou de mort. Il se força à plonger plus loin dans l'esprit de l'animal. Bientôt les deux consciences résonnèrent à l'unisson. Kerri *était devenu* le Mange-Forêt, il *avalait* gloutonnement les arbres sans se soucier du reste. Le garçon fit un effort supplémentaire de concentration, il suggéra à la chenille l'envie de tourner. La bête réagissait lentement. « ENCORE,

ENCORE, TOURNER, TOURNER. » Soudain, elle obliqua d'un coup, obéissant à sa demande, et changea de direction. Il était temps ! L'autre Mange-Forêt apparut, broyant dans sa gueule béante les derniers arbres qui les séparaient. Les deux chenilles se frôlèrent, s'évitant in extremis.

Les deux chenilles se frôlèrent.

Kerri sortit de sa transe, en sueur. Il voulut se remettre debout, mais ses jambes le trahirent. Il était trop faible. Mégane et Einstein se précipitèrent vers lui, le soulevèrent en le prenant chacun par un bras et coururent vers le sous-bois le plus proche. Les Maroufles s'étaient également réfugiés sous les arbres afin de ne pas être écrasés par la chenille qui passa près d'eux, tout étonnée de ne plus avoir un seul arbre à se mettre sous la dent. Il lui faudrait plusieurs kilomètres avant qu'elle se décide à changer de cap.

Derrière ce Mange-Forêt, suivait un autre clan de Maroufles. La rencontre entre les deux tribus se fit à grands renforts de claques dans le dos et de babillages joyeux. Pock et ses compagnons racontèrent aux autres comment Kerri, cet être qui venait des étoiles, avait réussi à détourner le Mange-Forêt de sa route, les sauvant tous d'une mort affreuse. À leurs yeux, le jeune garçon était devenu l'égal d'un dieu. Une légende venait de naître qui se propagerait longtemps autour de la planète Amazonia.

Ce soir-là, la fête fut magnifique. Les Maroufles dansèrent autour d'un énorme feu de joie. Mégane, Kerri et même Einstein se joignirent à la farandole.

Les adultes buvaient une liqueur faite à base de fruits fermentés qui échauffait vite les esprits. Du coup, certains se mirent à chanter. Ce fut très dur pour les deux humains, car un chant de Maroufle est encore pire qu'un rire…

Il pouvait dorénavant orienter le Mange-Forêt en direction de ses parents.

VERS
LA VALLÉE DES COCONS

IL avait imposé sa volonté au Mange-Forêt ! L'extraordinaire tour de force réalisé par Kerri lui ouvrait de fabuleuses perspectives. Outre le fait qu'il était maintenant considéré par les Maroufles comme un génie, à l'égal des Dieux, il pouvait dorénavant orienter le Mange-Forêt en direction de ses parents. Le lien, aussi ténu soit-il, qui le reliait à eux, lui indiquait la direction à prendre. Son apprentissage ne fut pas long. Très vite, il sut diriger l'animal là où il le désirait. La chenille lui obéissait maintenant totalement.

À partir de ce moment-là, les événements s'accélérèrent. Chaque jour supplémentaire les rapprochait davantage de Géraud et de Prisca Joï. Le contact se faisait de plus en plus fort.

Un point d'interrogation taraudait[1] cependant l'esprit de Kerri. Einstein, qui calculait en permanence leur direction, en avait déduit que son père et sa mère ne se déplaçaient pas. S'ils ne marchaient pas derrière un Mange-Forêt, que faisaient-ils ? Où étaient-ils ? Avaient-ils trouvé refuge dans une caverne ? Autant de mystères qui restaient à résoudre et qui inquiétaient quelque peu Kerri.

Un matin, l'alerte fut chaude. Alors que tout le monde était encore endormi. Einstein se figea.

– Attention danger !

---

1. Tarauder, *v.* : tourmenter.

Sous le regard médusé des Maroufles, les trois compères n'eurent que le temps de se cacher sous les arbres les plus proches. Une navette spatiale apparut brusquement, survolant la forêt à basse altitude. Elle se stabilisa au-dessus de la clairière comme pour mieux observer la tribu des Maroufles, qui, apeurés, s'enfuyaient dans toutes les directions. L'engin resta quelques instants encore en vol stationnaire, puis repartit aussi soudainement qu'il était apparu.

– Tout danger semble écarté, dit Mégane en sortant de sa cachette.

– Comment as-tu su ? questionna Kerri en s'adressant à Einstein. Moi, je n'ai rien *senti*, du fait que je dormais.

– Je possède en moi toute une batterie de capteurs très puissants, cela m'a permis de repérer les ondes radar de la navette bien avant qu'elle n'arrive au-dessus de nous.

– Ce sont nos ennemis ?

– Cela ne fait aucun doute. À mon avis, ils sont en train d'explorer systématiquement la planète, recherchant chaque Mange-Forêt dans l'espoir de nous découvrir.

– Ouf ! Nous l'avons échappé belle. Sans toi, Einstein, notre compte était bon, s'exclama Mégane.

Nous l'avons échappé belle.

– Cela doit nous inciter à la plus grande prudence.

Cinq jours s'étaient écoulés depuis l'incident de la navette. Depuis lors, les capteurs du robot n'avaient décelé aucune activité humaine dans le ciel d'Amazonia. Le voyage touchait à son terme, Kerri en était certain. Il *sentait* ses parents de plus en plus proches, quelque part devant, immobiles. Le paysage ne s'était pas modifié. Aucun relief montagneux ne se profilait à l'horizon, ce qui excluait l'hypothèse de la grotte. Kerri avait pu le constater en grimpant à la cime des plus grands arbres. Son agilité surprenait les Maroufles les plus aguerris [1].

Ce jour-là, il était en compagnie de Pock, tout en haut d'un immense arbre, à guetter l'horizon. Son regard fut attiré par une sorte de grand vallon où d'énormes boules blanches semblaient accrochées entre les arbres. Kerri claqua la langue à plusieurs reprises pour attirer l'attention du Maroufle, puis lui montra l'endroit.

Le voyage touchait à son terme.

Pock ouvrit ses grands yeux dans une expression d'étonnement non feinte.

1. Aguerri, *adj.* : habitué, entraîné.

Il parla très vite et gesticula tellement qu'il faillit tomber de la branche sur laquelle il était assis. Une fois redescendu, il recommença sa folle démonstration aux autres qui l'entouraient. Einstein tenta de traduire.

– Je ne comprends pas tout, il parle trop vite. Il est question, je crois, d'une légende que se raconte le peuple des Maroufles depuis des générations et des générations. Il existerait quelque part sur la planète Amazonia un endroit où les Dieux-Vivants, lorsqu'ils se sentent vieillir, se dirigent pour y mourir et renaître en d'autres Dieux-Volants qu'on aperçoit quelquefois dans le ciel. Apparemment, ce serait vers cet endroit que nous nous dirigeons.

– Cette légende a forcément un fond de vérité, intervint Mégane. Car en y

réfléchissant, nous avons affaire à de grosses chenilles qui, comme celles de la Terre, deviennent un jour ou l'autre des chrysalides avant de renaître sous la forme de papillons. Les boules blanches que tu as vues, Kerri, doivent être des cocons !

– Mais comment se fait-il que les Maroufles ne connaissent pas cet endroit puisqu'ils suivent les Mange-Forêts ? demanda Kerri.

Le robot interrogea Pock qui lui répondit qu'ils savaient reconnaître lorsqu'un Dieu-Vivant devenait vieux. Certains signes ne trompaient pas. Aussi les Maroufles changeaient-ils de Mange-Forêt à la première occasion quand ils sentaient que le leur allait mourir, afin de ne pas mourir avec lui.

– Mais en fait, continua Mégane, les

Mange-Forêts ne meurent pas. Ils partent seuls vers la vallée des cocons !

– Jolie expression, constata Einstein.

– Alors en route pour la vallée des cocons ! cria Kerri, car apparemment, c'est là que sont mes parents. Je ne les ai jamais *sentis* aussi près.

La petite troupe se mit en marche derrière le Mange-Forêt. Kerri était plus énervé que jamais.

L'animal ralentit sa progression, obliqua et se mit à tailler une clairière en spirale.

RETROUVAILLES

IL était très tôt lorsque le Mange-Forêt atteignit la vallée des cocons. L'animal ralentit sa progression tout près de la vallée, obliqua et se mit à tailler une clairière en spirale. Quand il fut repu, il s'immobilisa et s'endormit.

Le clan n'avait pas fait de halte et avait marché toute la nuit derrière le Mange-Forêt afin de ne prendre aucun retard. Quand la chenille fut endormie, les Maroufles prirent possession de la clairière et installèrent le campement.

Kerri piaffait d'impatience. Il regardait sans cesse en direction des grands cocons accrochés à proximité en haut des arbres. Le Mange-Forêt avait soigneusement évité de s'approcher des arbres où étaient accrochées les chrysalides.

– L'instinct de survie, dit Einstein, le Mange-Forêt a compris qu'il y avait là quelque chose d'essentiel à sa race.

– Es-tu sûr que tes parents sont par ici, Kerri ? demanda Mégane.

– Oui, ils sont quelque part, là-dedans, répondit-il très ému en montrant les grands cocons du doigt. Je les *sens*.

– DANS un cocon ? demanda Mégane incrédule.

– C'est possible, dit Einstein, il y en a sans doute beaucoup qui sont vides. La métamorphose achevée, le papillon s'envole. Le cocon reste une enveloppe inutile.

– Mais comment savoir dans lequel ils sont ? demanda encore Mégane.

– Une seule solution, dit Kerri, monter !

Sans plus attendre, il s'élança et grimpa le long d'un des arbres soutenant un cocon. Il s'accrocha aux fils de soie et progressa lentement afin de ne pas tomber.

Le soleil, énorme disque rouge, pointait à l'horizon. Le rêve qu'avait fait Kerri sur la Terre lui revint en mémoire. Il retrouvait la falaise au tissu étrange. C'était bien là ! Il était sûr que ses parents étaient à l'intérieur d'une de ces choses.

Il parvint enfin au sommet du cocon. À pleines mains, il s'attaqua à la paroi de soie. Au bout de quelques instants, il avait fait un trou suffisant pour regarder. À l'aide d'une lampe électrique que lui avait confiée Einstein, il se mit à explorer l'intérieur du cocon. La chrysalide ne s'y trouvait plus depuis longtemps. Kerri balaya la cavité avec le faisceau de sa torche. Vide !

Sans attendre il redescendit.

– Celui-là aussi doit être creux, cria Mégane en désignant un autre cocon.

Ceux qui sont occupés par une chrysalide n'ont pas de fente en haut.

Je les sens, mais où ?

Kerri reprit son ascension vers le second cocon. Il fit rapidement un trou dans la paroi de soie et y glissa le bras avec la torche. Vide aussi ! Kerri sentit les larmes lui monter aux yeux. Il s'appuya contre une des grosses branches de l'arbre, ferma les yeux et respira profondément.

« Calme, calme, se dit-il. Ils sont là, quelque part. Je les *sens*, mais où ? »

Les yeux toujours clos, il tourna la tête lentement vers la droite. Il rouvrit les yeux.

Devant lui, trois arbres plus loin, pendait un cocon énorme, encore plus grand que les autres.

– Là !

Il dévala de l'arbre, glissant de

branche en branche et courut à perdre haleine vers le grand cocon.

Quand il fut en haut de l'arbre, il constata qu'il pouvait entrer dans ce cocon-là par la fente pratiquée par le papillon à sa naissance. Il se pencha en avant et balaya en tous sens avec le faisceau de la torche.

Soudain, le rayon lumineux rencontra deux ombres allongées. Dans deux drôles de hamacs, faits de fils de soie et de feuilles séchées, il découvrit ses parents profondément endormis.

– Papa, maman ! cria-t-il.

Son père se leva en sursaut, clignant des yeux dans la lumière de la torche.

– Papa ! Papa ! criait Kerri en agitant le bras en tous sens.

– Kerri ? C'est toi ? C'est impossible !

Le jeune garçon se laissa alors glisser le long de la paroi de soie. Quand il eut atteint le fond du cocon, il s'élança vers son père et sa mère, moitié riant, moitié pleurant.

– Mon chéri ! s'exclama Prisca en l'étouffant presque.

– Mais c'est incroyable, qu'est-ce que tu fais là ? questionna son père.

Kerri avait un peu de mal à le reconnaître. Une barbe fournie lui couvrait le

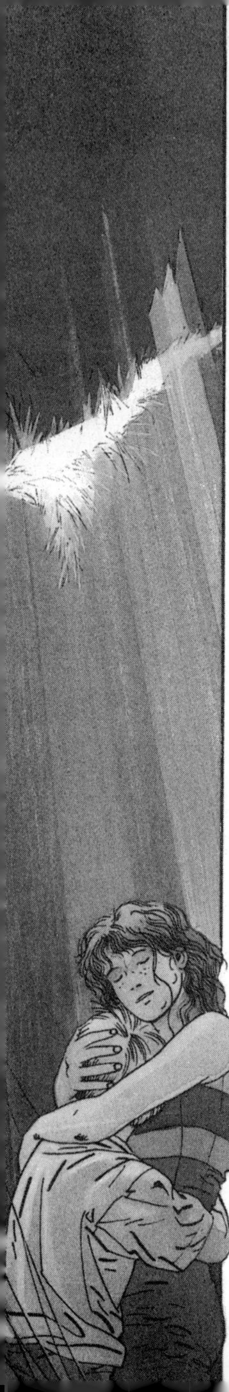

visage. Sa combinaison d'explorateur était déchirée et sale. Sa mère avait ses longs cheveux quelque peu emmêlés, mais elle avait conservé toute la grâce qu'il lui connaissait.

– Je suis ve - venu, bégaya Kerri, reniflant au milieu de ses larmes, parce que je *sentais* que vous - vous étiez vivants…

Sa mère le berçait contre elle. Le cœur de Kerri battait à tout rompre. Il était heureux, enfin, après tous ces jours d'angoisse.

Une fois l'émotion des retrouvailles atténuée, Kerri dit :

– Venez, je vais vous présenter à mes amis.

Pour descendre à terre, ils empruntèrent un chemin plus aisé. Depuis le temps qu'il occupait le cocon, Géraud avait fabriqué une grande échelle de corde qu'il lança par l'ouverture faite par le papillon en sortant. Une fois en bas, Kerri fit les présentations. Ses parents embrassèrent Mégane, serrèrent la pince d'Einstein tandis que les Maroufles babillaient joyeusement autour d'eux.

Devant le feu de camp, l'heure était aux explications. Kerri et Mégane racontèrent leurs aventures avec force détails. Géraud hochait la tête, très fier de son fils. Prisca fronçait les sourcils devant les risques qu'il avait pris pour les rejoindre. À leur tour, ils expliquèrent ce qui leur était arrivé. Au départ, leur mission était de la pure routine. Elle devait déterminer si la planète Amazonia était une terre exploitable par l'homme, seulement habitée par une poignée d'animaux sauvages ou si, au contraire, ses habitants étaient des humanoïdes capables de progresser. Dans un tel cas, la planète serait alors classée de type A « à intelligence primitive » et deviendrait un sanctuaire inviolable. Seuls quelques satellites surveilleraient son évolution, en attendant le jour où sa population suffisamment évoluée ferait acte de candidature pour entrer dans la grande confédération galactique.

Géraud et Prisca eurent des doutes concernant les Maroufles dès leur première expédition. Aussi voulurent-ils les étudier plus en détail. Les parents de Kerri étaient tout à fait conscients que l'avenir d'Amazonia dépendait d'eux. Lors de leur seconde exploration, les réacteurs de leur navette explosèrent en plein vol. Géraud, excellent pilote, réussit l'exploit de poser l'engin sur la cime des arbres qui, tellement serrés, avaient fait matelas et avaient maintenu la navette en l'air.

– Nous sommes restés prisonniers de la navette pendant plusieurs jours, poursuivit le père de Kerri, mais la situation s'aggravait d'heure en heure. Les arbres repoussaient, menaçant de renverser notre mince refuge. La chance voulut que j'aperçoive non loin de là des arbres qui s'abattaient devant un véritable rouleau compresseur. C'était, vous l'avez deviné, un Mange-Forêt. Grâce au pistolet laser que j'avais emporté, nous avons pu nous frayer un passage entre les arbres et rejoindre l'animal. Nous l'avons suivi pendant des jours avant d'atteindre ce lieu. Depuis nous attendions un hypothétique secours.

– Je reconnais que nous commencions à perdre courage, avoua Prisca.

– D'autant, renchérit Géraud, que l'explosion de la navette m'avait paru fort suspecte.

– Et tu ne sais pas tout, papa ! Nous sommes poursuivis.

– Poursuivis ? s'exclamèrent en chœur Géraud et Prisca.

Kerri raconta alors comment ils avaient été attaqués lors de leur voyage avec La Gamelle et comment ils n'avaient échappé à leurs poursuivants que grâce à l'adresse de Doc.

– Et à un énôôôrme orage magnétique ! précisa Mégane qui n'oublierait pas de sitôt son « méga » tour de manège !

Nous sommes poursuivis.

– Ils sont ici, ajouta Kerri. On a vu leur navette. Je suis sûr que Stefano Evrett est dans le coup ! Lui, il a affirmé qu'il fallait classer Amazonia en type E. Exploitable. Il a rapporté Pock comme preuve, en cage, pour le coller au zoo. Pauvre Pock ! Si je n'avais pas *senti* son esprit, on l'aurait pris pour un animal jusqu'à la fin de ses jours. Einstein n'aurait pas été là pour comprendre son langage.

– Après ce que vous venez de me raconter, dit Géraud, je comprends pas mal de choses. Les enjeux économiques sont énormes pour exploiter le bois de cette planète. Comme chez nous, il a pratiquement disparu, certains n'ont pas hésité à appliquer des solutions radicales. Tu as raison, Kerri, si on tenait Stefano Evrett… il aurait certainement des choses à nous avouer.

Je ne vois pas comment nous pourrions rallier le point de rendez-vous en temps et en heure.

LES DIEUX-VOLANTS

– JE suis très heureux que vous soyez enfin réunis, dit Einstein, mais au risque de ternir votre joie, nous avons un gros problème.

Les quatre humains se regardèrent.

– Nous avons mis beaucoup de temps pour vous rejoindre, poursuivit le robot à l'adresse de Géraud et Prisca. Or le rendez-vous avec Doc la Ferraille est dans deux jours ; je ne vois matériellement pas comment nous pourrions rallier le point de rendez-vous en temps et en heure.

Le silence s'installa. Effectivement, la difficulté était de taille. Même avec l'aide d'un Mange-Forêt, jamais ils ne pourraient refaire le chemin inverse en aussi peu de temps.

– En ne nous voyant pas, Doc partira à notre recherche, j'en suis sûre, déclara Mégane.

Nous allons nous en sortir.

– N'oublie pas que d'autres nous cherchent également, dit Kerri. Et s'ils nous trouvent avant…

– Je crois avoir une idée, annonça Géraud. Si Kerri se sert de son pouvoir aussi bien que jusqu'à maintenant, nous allons nous en sortir.

L'incrédulité se lisait sur les visages de ses interlocuteurs. Où voulait-il en venir ?

– Depuis que nous sommes ici, j'ai eu tout loisir d'observer ce qui se passait autour de nous. Les Mange-Forêts viennent ici, dans la vallée des cocons, pour s'y transformer en chrysalides. Quelque temps après, ils deviennent des papillons si grands que plusieurs humains pourraient monter sur leur dos sans que cela les gêne le moins du monde.

Le visage de Kerri s'éclaira.

– Papa, tu veux que j'apprivoise un papillon et que nous montions sur son dos afin qu'il nous transporte là où Doc la Ferraille nous attend ?

Tu veux que j'apprivoise un papillon ?

– Tu as tout compris, fiston.

À partir de ce moment-là, ils passèrent leur temps à repérer, parmi les centaines de cocons, lequel renfermait une chrysalide prête à se transformer en papillon. Leur choix se porta enfin sur un cocon qui s'agitait par soubresauts. On devinait le papillon mûr pour déchirer l'enveloppe blanche qui le protégeait du monde extérieur. Il ne restait aux humains qu'à attendre sa sortie.

De leur côté, les Maroufles étaient en grand conciliabule. Géraud, intrigué, demanda à Einstein ce qu'il se passait.

– Il sont en pleine discussion quant à leur devenir, répondit le robot. Pour eux, la découverte de la vallée des cocons bouleverse leur façon de vivre. Certains veulent reprendre leur route dès que le Mange-Forêt que Kerri a dirigé jusqu'à la vallée se réveillera. Celui-là va repartir. C'est un jeune. Mais d'autres Maroufles, au contraire, souhaitent rester vivre ici. La nourriture est abondante et, grâce à vous, ils ont vu qu'il était possible d'habiter dans les cocons vides et de fabriquer plein de choses avec les fils de soie.

– Voilà qui est bien embêtant, dit le

père de Kerri. D'une certaine manière, nous avons chamboulé leur vie. Pour des gens qui souhaitaient que cette planète reste un sanctuaire… Pas très réussi !

– Ce n'est pas si dramatique, dit Mégane. Vous ne leur apportez pas une technologie étrangère à Amazonia. Les Maroufles continueront à vivre en accord avec leur planète.

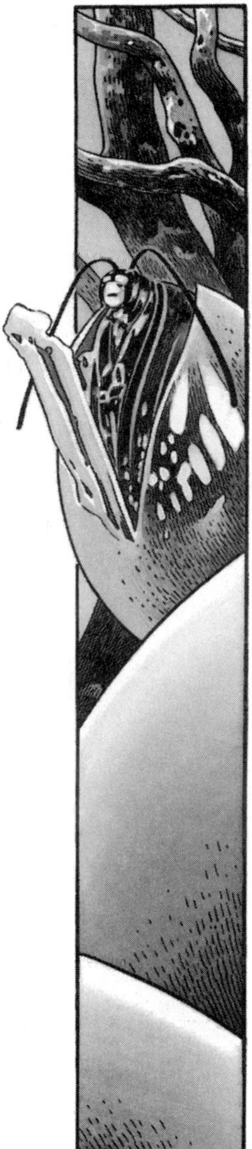

« Le véritable mal, dit encore la jeune fille, ce sont les truands qui s'apprêtent à piller les ressources des planètes, sans s'occuper de leurs habitants.

Un bruit imitant un tissu qui se déchire mit fin à la discussion. Le papillon venait de percer le cocon et sa tête apparut à travers l'ouverture. Il déplia ses antennes et tâtonna tout autour de lui. Aucun danger… Il pouvait continuer à naître. En quelques minutes, il sortit avec force contorsions de sa gangue de soie. Il grimpa le long d'un arbre afin de se sécher au soleil. Ses longues ailes se déployèrent, se durcirent au contact de l'air. Puis il les essaya en battant l'air dans un kaléidoscope de couleurs. Le bruit était assourdissant. Au centre de la clairière, les humains et les Maroufles étaient muets de saisissement devant la magie du spectacle.

Kerri avait l'impression d'observer le papillon à travers une énorme loupe. Ce qui apparaissait sur Terre beau et fragile devenait ici gigantesque et inquiétant. Malgré cela, le jeune garçon se mit à *explorer* l'esprit du papillon. Son pouvoir s'affirmait à chaque nouvelle expérience, aussi ne mit-il que peu de temps avant d'entrer en symbiose avec l'animal. Le papillon prit son envol et

Le jeune garçon se mit à explorer l'esprit du papillon...

tournoya au-dessus des arbres. Kerri *volait* avec lui, *voyait* ce qu'il voyait, ressentait l'ivresse du vol. Battements des ailes de droite, battements des ailes de gauche. Glissé, piqué, demi-tour… Kerri contrôlait parfaitement l'animal. Il le fit se poser dans la clairière.

Vite, allons-y !

– Vite, allons-y ! ordonna-t-il.

Il grimpa sur le papillon le premier, trouva à la naissance des ailes des replis où ils pourraient tous s'installer.

Prisca et Mégane eurent un peu d'appréhension à grimper sur le dos de l'animal. Géraud et Einstein montèrent à leur tour.

Les Maroufles regardaient avec fascination ce qui se passait. Pock fendit la foule et s'approcha en gesticulant. Il s'adressa à Einstein dans un langage précipité.

– Qu'est-ce qu'il veut ? demanda Géraud.

– Pas besoin de traduire pour deviner qu'il veut venir avec nous, dit Mégane en riant.

Le père de Kerri souleva le Maroufle et le coinça entre ses genoux.

Il veut venir avec nous.

– Accrochez-vous fermement aux poils, nous partons ! cria Kerri.

Sans difficultés malgré sa charge, le papillon se souleva majestueusement. Kerri lui fit faire un dernier tour au-dessus de la clairière afin de pouvoir dire au revoir à ses petits amis qui agitaient leurs longs bras velus.

Puis l'étonnant équipage disparut aux yeux des Maroufles dans le ciel clair d'Amazonia.

Le voyage se passa sans incident. Vue du ciel, la planète était superbe. Cela

renforça chez tous la conviction qu'il fallait à tout prix préserver ce havre de paix. À plusieurs reprises, ils survolèrent des Mange-Forêts. Pock, un peu terrorisé au début, s'amusa comme un petit fou lorsqu'il aperçut les autres Maroufles médusés par cet incroyable groupe qui volait au-dessus de leurs têtes.

Enfin, après deux bonnes heures, ils atteignirent le lieu de rendez-vous convenu avec Doc la Ferraille. Géraud dit que Prisca et lui reconnaissaient l'endroit. Ils l'avaient repéré lors de leur vol d'exploration. Amazonia ne possédait que cet unique massif rocheux. C'était un ensemble de plateaux et de gorges étroites sans la moindre trace de terre où les arbres auraient pu pousser. Les Mange-Forêts ne s'en approchaient donc jamais.

C'était apparemment le domaine des grands papillons. Deux d'entre eux volaient au loin. Kerri ordonna à celui qui les transportait de se poser. L'atterrissage fut un peu mouvementé, le vol d'un papillon n'étant que rarement rectiligne. L'insecte finit par s'accrocher sur une des plates-formes rocheuses. Tout le monde descendit. Kerri rendit sa liberté à l'animal. Aussitôt, il s'envola pour rejoindre ses semblables. Sans doute allait-il trouver une compagne pour perpétuer le cycle immuable de la vie. L'esprit de Kerri le suivit, ne parvenant pas à s'en détacher. Encore grisé par l'ivresse du vol, il en oubliait même de *sentir* les environs. Les autres observaient les lieux.

– Personne, c'est curieux, dit Prisca.

– Doc ne devrait pas tard…

– Que personne ne bouge ! cria soudain une voix.

De derrière les rochers sortirent soudain quatre silhouettes, pistolet laser à la main.

– Stefano ! s'exclama Géraud.

– Je suis heureux que la petite famille soit réunie, ça va nous faciliter le travail. Je me doutais bien que vous alliez venir ici. C'est le seul endroit de la planète où une navette peut atterrir en toute sécurité.

« Et permettez-moi de vous présenter mes camarades de la Compagnie forestière.

– Crapules !

Einstein sentant ses amis en danger s'approcha, menaçant, d'Evrett. Le bandit n'hésita pas une seconde et fit feu sur le robot, lui sectionnant un bras

*Permettez-
moi de vous
présenter mes
camarades de
la Compagnie
forestière.*

Non, papa, ne bouge pas !

qui tomba tout fumant à terre. Mégane et Prisca crièrent d'effroi.

– Dites à votre tas de ferraille de se tenir tranquille ou il va finir en pièces détachées.

Blanc de rage, Géraud fit un pas en avant dans la direction d'Evrett, mais Kerri bondit vers son père pour l'arrêter.

– Non, papa, ne bouge pas ! Je *SENS* que tu vas ramasser une GAMELLE!

Il avait prononcé cela d'une telle façon que Géraud, Prisca et Mégane comprirent tout de suite. Doc arrivait ! Mais comment allait-il atterrir sans se faire repérer ? Ils échangèrent des regards désespérés.

Soudain une ombre double se dessina sur le sol, puis une autre et encore une autre. Tout le monde, sauf Kerri, releva la tête. Ce qu'ils virent leur coupa le souffle.

Par couples, les grands papillons arrivaient de tous les coins du ciel. Une dizaine volaient déjà au-dessus d'eux et il en arrivait encore.

Son visage était comme extasié.

Mégane baissa les yeux pour regarder Kerri. Il était toujours appuyé contre son père, le tenant par la taille. Son visage était comme extasié. L'effort psychique qu'il fournissait pour appeler à lui tous ces papillons en même temps le transfigurait. C'était la première fois qu'il dirigeait autant d'animaux en même temps. Mégane se sentit immensément fière de lui.

Bientôt le ciel fut presque entièrement obscurci par les centaines d'ailes multicolores qui battaient au-dessus d'eux, dans un étourdissant bruit de soie froissée.

Abasourdis, les hommes de la Compagnie forestière et Evrett regardaient

Bientôt le ciel fut presque entièrement obscurci par les centaines d'ailes multicolores...

tantôt les papillons, tantôt le groupe formé par Géraud, Prisca, Mégane, Kerri et Pock sur lesquels ils pointaient toujours leurs lasers.

Géraud jeta des regards rapides autour de lui.

– Tu cherches quelque chose ? grogna Evrett.

– La navette. Vous n'êtes tout de même pas venus à pied…

– Elle est dans la gorge à côté, en lieu sûr.

– À ta place, je n'en donnerais pas ma tête aux Somnambules ! gronda soudain une voix derrière lui.

Evrett se retourna d'un bloc et découvrit plusieurs hommes qui pointaient sur lui des lasers et des paralyseurs.

– Doc ! cria Mégane.

Kerri se détendit d'un seul coup. Il

aurait glissé au sol si son père ne l'avait retenu. Aussitôt les papillons s'éloignèrent dans tous les sens.

– Doc, enfin ! souffla-t-il, épuisé.

– Salut, garnements ! Mille milliards de mille tuyères ! Il suffit que je m'absente pour que tout aille mal !

– J'étais sûre que vous arriveriez à temps, s'écria Mégane en s'élançant vers le vieil homme pour l'embrasser.

– La Gamelle ne manque jamais un rendez-vous, ma mignonne, grommela-t-il, ému, en lui tapotant la joue. Eh, doucement, tu vas m'étouffer ! Va donc faire quelques bises à mes copains contrebandiers, ils l'ont bien mérité.

Il se tourna vers Kerri.

– Bravo garçon ! Sans ta “couverture” de papillons, je n'aurais pas pu poser La Gamelle sans que ces voyous s'en aperçoivent. Je suppose que ce monsieur et cette dame sont tes parents. Que voulez-vous qu'on fasse de tout ce monde-là ? demanda-t-il à Géraud en désignant Evrett et ses acolytes.

– Leur carrière de truands se termine ici, dit le père de Kerri qui s'avança pour les désarmer. Nous allons les ramener sur Terre dans leur vaisseau. Là-bas, nous ferons éclater la vérité et Amazonia sera protégée. L'idéal serait d'avoir pour eux des cages paralysantes pour le voyage.

Leur carrière de truands se termine ici.

– Pas de problèmes, s'écria Doc en riant. J'en ai plusieurs en soute dans La Gamelle.

– Mais qu'est-ce que vous en faites ? demanda Prisca plus que surprise. C'est du matériel pour le transport des fauves…

– Ça m'est arrivé d'y mettre des douaniers…, répondit le vieil homme en lui faisant un clin d'œil.

Tout le monde se congratulait et souriait, enfin détendu, lorsqu'une voix retentit :

– Tout est bien qui finit bien, mais plus personne ne s'occupe de moi !

– Einstein ! s'écrièrent ensemble Mégane et Kerri. Pardonne-nous.

Le robot tenait son bras sectionné et, tout en faisant de grands moulinets avec, s'approcha de Doc.

– Doc, désolé. J'ai un peu cassé le matériel.

– Ce n'est pas grave, je suis fier de toi, mon Einstein ! Pour te récompenser, je vais t'acheter un nouveau bras, celui que tu voulais et qui a plein d'options.

– Vrai, Doc ? Le Super Bras 2079 B ?

Celui qui a un ordinateur au bout des doigts ?

– Tout à fait.

Le grand robot resta sans voix.

– C'est tout ce que tu dis ? insista Doc.

– Euh…

– Égale MC^2 ! s'écrièrent Kerri et Mégane dans un immense éclat de rire.

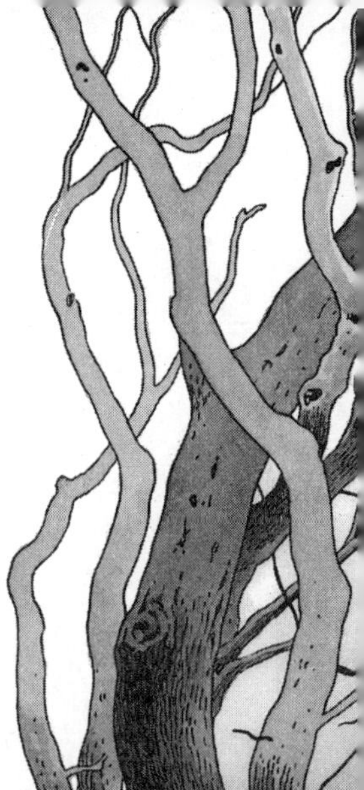

Table des matières

Orphelin ! 7

Le Maroufle 17

Panique au Zoo Galactique 27

Passagers clandestins ! 37

Cap sur Amazonia 45

Attaque dans l'Hyper-Espace 55

La planète verte 71

Derrière le Mange-Forêt 87

Vers la vallée des cocons 107

Retrouvailles 117

Les Dieux-Volants 131

Kim Aldany

a quatre enfants, une fille et trois garçons, lecteurs attentifs des drôles d'histoires qui deviennent ses livres. Les aventures de Kerri et Mégane ont remporté plusieurs prix littéraires, tout comme d'autres romans publiés sous les véritables noms de cet auteur étrange au double visage : Danielle Martinigol et Alain Grousset.

DU MÊME AUTEUR :

Dans la même collection :

Kerri et Mégane - Les Mange-Forêts (1994)
Kerri et Mégane - Les Transmiroirs (1995)
Kerri et Mégane - Brocantic-Trafic (1997)
Kerri et Mégane - La Ruche de glace (1998)
Kerri et Mégane - Le Donjon de Malmort (1999)

Philippe Munch

INFLUENCES

Les poètes soufis du XIIe siècle.

AMOUR

n. m. (latin *amor*)
Élan physique ou sentimental
qui porte un être humain
vers un autre.

HAINES

Le lait,
les choux de Bruxelles.

PARCOURS

À gauche,
à droite, à droite,
puis tout droit.

ENVIES

Un café, s'il vous plaît.

Dès 9 ans

5. *Gaël et Réséda*
Dominique Buisset
16. *Les malheurs de Sophie*
Comtesse de Ségur
25. *Le 397ᵉ éléphant blanc*
René Guillot
33. *Les nougats* • Claude Gutman
34. *Le dragon déglingué*
Jean-Loup Craipeau
50. *L'inventeur* • René Escudié
56. *À l'abordage, Mamadou Courage !*
Jean-Loup Craipeau
63. *Augustin et Amandine*
Geneviève Le Moal
66. *Le club des secrets*
Elsa Devernois
69. *Sale temps pour les grenouilles !*
Gilles Fresse
81. *Gillou et les oscars* • Yak Rivais
85. *L'homme au chapeau*
Sarah Cohen-Scali
96. *Les petites filles modèles*
Comtesse de Ségur
100. *Les Disparus de l'Éclipse*
Gilles Fresse

Dès 10-11 ans

6. *Cabot-Caboche* • Daniel Pennac
7. *L'œil du loup* • Daniel Pennac
8. *Opération Marcellin* • Claire Mazard
12. *Croc-Blanc* • Jack London
13. *Vingt mille lieues sous les mers*
Jules Verne
15. *Le fil à retordre* • Claude Bourgeyx
18. *Kerri et Mégane :*
Les Mange-Forêts • Kim Aldany
26. *Sur la piste du loup*
Daniel Meynard
27. *Gazoline et Grenadine*
Jean-Loup Craipeau
35. *Le renard de Morlange*
Alain Surget
37. *La rédac* • Évelyne Reberg
41. *Pinocchio* • Carlo Collodi
44. *Le redoublant* • Claire Mazard
47. *Le secret de la falaise*
Yves Pinguilly
48. *Racamiel et Rigobert*
François Sautereau
49. *La ballade d'Aïcha* • Robert Boudet
53. *Kerri et Mégane : Les Transmiroirs*
Kim Aldany
57. *Prisonniers des sables*
Yves-Marie Clément
58. *Pour l'amour de la Marie-Étoile*
Sylvie Queyron
59. *Un alligator pour la vie*
François Zabaleta
64. *Mes chers voisins*
Gérard Moncomble
65. *Le puma aux yeux d'émeraude*
Yves-Marie Clément
73. *Sous une bonne étoile*
Daniel Meynard
75. *Dur, dur d'être top model !*
Michel Amelin
76. *Kerri et Mégane : Brocantic-Trafic*
Kim Aldany
80. *Les sept scarabées*
Gérard Moncomble
82. *Kerri et Mégane : La ruche de glace*
Kim Aldany
83. *À la vie, à la...* • Marie-Sabine Roger
84. *Grosses têtes et petits pieds*
Claude Bourgeyx
86. *Le sourire d'Anaïs*
Nadine Brun-Cosme
90. *L'enfant volé* • François David
92. *Un bon petit diable*
Comtesse de Ségur

93. *Kerri et Mégane : Le Donjon de Malmort*
Kim Aldany

95. *Le livre de la Jungle*
Rudyard Kipling

98. *On a un monstre dans la classe*
Gudule

DÈS 12-13 ANS

14. *La guerre du feu*
J.-H. Rosny aîné

30. *Dans les forêts de la nuit*
Nadèjda Garrel

32. *Jalouve* • Éric Sanvoisin

40. *Le secret de la pierre noire*
Patrick Grainville

42. *Aïna, fille des étoiles*
Christian Grenier

46. *La chanson de Hannah*
Jean-Paul Nozière

60. *Aïna et le secret des Oglonis*
Christian Grenier

67. *Le secret du verre bleu*
Tomiko Inui

68. *Les Ouraniens de Brume*
Joëlle Wintrebert

71. *Aïna et le pirate de la comète*
Christian Grenier

74. *Pique et pique école et drame*
Jo Hoestlandt

77. *L'incroyable retour*
Évelyne Brisou-Pellen

78. *Aïna : Kaha, Supermaki !*
Christian Grenier

79. *L'orpheline de Mars*
François Sautereau

87. *Aïna et l'arbre-monde.*
Christian Grenier

88. *Le Faucon déniché*
Jean-Côme Noguès

89. *Mémé, t'as du courrier !*
Jo Hoestlandt

91. *L'appel de la forêt*
Jack London

94. *Sauve-toi, sauve-nous !*
Marie-Sabine Roger

97. *Aïna : Faut-il brûler Jeanne ?*
Christian Grenier

99. *Les Tartines au Ketcheupe*
Marie-Sabine Roger

101. *Le Tour du Monde en 80 Iours*
Jules Verne

N° d'éditeur : 10082329 - (X) - 44 - OSBT 90° - Novembre 2000
MAME Imprimeurs à Tours
Loi numéro 49 956 du 16 Juillet 1949
sur les publications destinées à la jeunesse
ISBN 2-09-282126-1